西北政法大学经济学科丛书
西北政法大学陕西省理论经济学优势学科建设经费

基于经理管理防御的
我国企业非效率投资行为研究

郝 艳／著

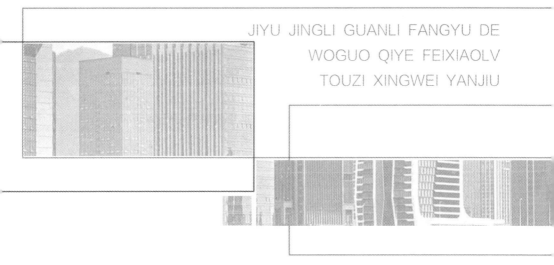

JIYU JINGLI GUANLI FANGYU DE
WOGUO QIYE FEIXIAOLV
TOUZI XINGWEI YANJIU

中国财经出版传媒集团

经济科学出版社
Economic Science Press

图书在版编目（CIP）数据

基于经理管理防御的我国企业非效率投资行为研究／
郝艳著. —北京：经济科学出版社，2017. 11
ISBN 978 - 7 - 5141 - 8639 - 0

Ⅰ.①基…　Ⅱ.①郝…　Ⅲ.①企业 - 投资行为 - 研究 -
中国　Ⅳ.①F279. 23

中国版本图书馆 CIP 数据核字（2017）第 273287 号

责任编辑：刘　莎
责任校对：王苗苗
责任印制：邱　天

基于经理管理防御的我国企业非效率投资行为研究
郝　艳　著
经济科学出版社出版、发行　新华书店经销
社址：北京市海淀区阜成路甲 28 号　邮编：100142
总编部电话：010 - 88191217　发行部电话：010 - 88191522
网址：www. esp. com. cn
电子邮箱：esp@ esp. com. cn
天猫网店：经济科学出版社旗舰店
网址：http://jjkxcbs. tmall. com
北京财经印刷厂印装
710 ×1000　16 开　14 印张　200000 字
2017 年 11 月第 1 版　2017 年 11 月第 1 次印刷
ISBN 978 - 7 - 5141 - 8639 - 0　定价：52. 00 元
（图书出现印装问题，本社负责调换。电话：010 - 88191510）
（版权所有　侵权必究　举报电话：010 - 88191586
电子邮箱：dbts@esp. com. cn）

前　　言

　　企业的投资决策既涉及资金的筹集问题，又涉及资金的使用效率问题，因此一直是现代财务管理研究的热点和难点问题之一。按照现代财务管理理论，企业的投资决策和行为应该按照净现值法选择投资回报率最大的项目以实现企业价值最大化，但在现实中由于信息不对称和委托代理问题的存在，很多企业都不同程度地存在着非效率投资的行为。我国企业常见的非效率投资行为的普遍存在将导致宏观经济波动，对经济的平稳增长造成损害，但是仅从宏观角度是无法研究和探讨投资中的资金使用效率问题和根本解决方案的，因此需要从企业的微观决策机制、微观利益主体的角度出发研究企业非效率投资行为形成的原因及预防机制。导致企业非效率投资行为的原因很多，其中对经理与股东之间因信息不对称和委托代理导致的资金使用效率问题的研究是近年来财务界研究的重点问题之一。

　　基于以上的研究热点和实践需要，本书从经理人员的管理防御心理和动机出发，采用信号传递模型揭示了经理的管理防御动机如何导致企业非效率投资行为的出现，采用实证研究的方法验证了过度投资与投资不足模型的现实存在性，采用实验研究的方法验证了投资短视模型的现实可靠性，最后从公司治理的角度对降低和预防经理管理防御行为的激励和约束对策进行了探讨。本书的主要工作和研究成果有以下几个方面：

　　（1）综合运用管理学、经济学和心理学的理论对经理管理防御的动因进行了多角度的系统分析后发现：经理的管理防御心理反映在投资决策中，避免失败的心理是引发非效率投资行为的内在原因；

投资决策过程中的信息不对称导致的风险和激励是引发非效率投资行为的外在原因。通过建立函数模型,对经理管理防御动机的影响因素进行分析发现:经理从事管理防御行为被发现的概率、经理从企业获得的报酬收入、经理从企业获得的报酬收入的现值系数的大小与经理的管理防御动机呈反向变动关系;经理从事管理防御行为获得的额外收益、经理从事管理防御行为被发现解聘得到的报酬、经理从事管理防御行为获得的额外收益的现值系数的大小与经理的管理防御动机呈正向变动关系;而经理的任期与经理的管理防御动机关系比较复杂。

(2)根据非效率投资行为的特点,将过度投资和投资不足作为一组、投资短视和"敲竹杠"长期投资作为一组分别采用信号传递博弈模型进行均衡分析发现:经理的职位威胁既来自外部接管也来自内部的公司治理,过度投资与投资不足两种非效率投资行为的出现主要和经理判断的企业承受的破产风险的高低直接相关;投资短视和"敲竹杠"长期投资两种非效率投资行为的出现主要和经理认为的股东对自身能力高低的判断相关。

(3)实证研究结果不仅验证了"企业破产风险与过度投资与投资不足两种非效率投资行为的出现直接相关"的研究结论,而且揭示出在我国目前上市公司中,投资不足现象比过度投资现象更加普遍,在对过度投资行为的治理上,控制企业可自由支配的现金流量比提高企业负债比例的作用更加显著。在无法采用实证方法验证经理管理防御心理与投资短视行为关系模型的情况下,采用实验研究的方法验证了在我国目前的情况下,管理防御动机会导致经理人员的投资短视行为,而且随着经理能力下降和预期转换工作成本的提高,其管理防御程度呈上升趋势,投资短视行为也更加显著。

本书的研究内容是以我的博士学位论文为基础,在更新了实证研究数据基础上修改完成的。在书稿出版之际,衷心感谢我的导师西安理工大学经济与管理学院李秉祥教授,李老师认真严谨的治学精神和教书育人的工作态度使我获益终生,在此表达我对这位恩师最诚挚的谢意和祝福。感谢在我攻读博士学位期间为我传授知识和在论文写作过程中提出宝贵意见和建议的西安理工大学经济与管理学院党兴华教授、扈文秀教授、李随成教授和陈菊红教授等。

感谢我的家人，他们给予我无私的支持和关怀，他们的陪伴能够让我对生活和学习一直满怀信心，也是我不断前行的动力。感谢工作单位西北政法大学及经济学院对本书出版给予的支持。同时也感谢经济科学出版社的编审人员为本书的顺利出版所做的工作。

书中疏漏和不足之处在所难免，恳请各位学者和广大读者批评指正。

郝　艳
2017 年 9 月于西安

目　　录

第1章 绪　　论

1.1　研究背景和意义

随着我国经济的不断发展，投资对经济的拉动作用日益显著，以 2015 年和 2016 年为例，2015 年我国全社会固定资产投资总额为561999.8 亿元，比上年增长 9.8%，2016 年这一指标值为 606465.7亿元，比上年增长 7.9%[①]。面对日益增长的投资总额，国内企业的资金使用效率问题也越来越受到研究界的重视。国内外的理论和实证研究成果已经表明，作为微观利益主体的企业中存在着各种各样的非效率投资行为，对非效率投资行为进行研究的主要目的是为宏观经济中的投资波动寻找微观基础层面的原因，为优化企业投资行为，提高资金使用效率，促进宏观经济的平稳增长提供对策和建议。

1.1.1　研究背景

投资是一项重要的经济活动。从宏观层面来看，投资是拉动经济增长的主要动力之一，也是反映经济发展状况的一项重要统计指标。从微观层面来看，投资是企业未来现金流增长的重要基础和公司价值创造的主要源泉，将直接影响企业价值最大化经营目标的实

---

① 资料来源：《2016 年中国统计年鉴》和《2017 年中国统计年鉴》，增长速度未扣除价格因素。

现。我国目前正处于市场经济发展的初级阶段，属于新兴的工业化市场，国内经济和资本市场一直保持着不断发展的势态，但同时资本市场和市场制度都存在着相当程度的不完善和不规范，这些特征决定了我国企业投资行为中的非效率投资行为非常突出。国内多位学者对我国企业的投资效率特征进行了实证研究，虽然在不同的约束和假设条件下的研究结论有所不同，但都证明了我国上市公司非效率投资行为的普遍存在。从实践数据来看，近年来与我国不断增长的经济发展速度相比，企业的投资收益率却呈现不断下滑的态势。根据 Wind 数据统计，我国 A 股市场 1990 年平均摊薄净资产收益率为 21.42%，而 2016 年年报数据显示分行业的平均摊薄净资产收益率最高也只有 12.73%①。在上证 A 股和深证主板 A 股已经发布 2016 年年报的 1768 家上市公司中，780 家公司净资产收益率低于同期我国 GDP 的增长率 6.7%，272 家公司净资产收益率甚至低于同期一年期存款利率 1.5%，其中 152 家公司净资产收益率还不到同期活期存款利率 0.35%，有 135 家公司 2016 年度全面摊薄净资产收益率为负值。此外，国资委提供的数据显示，仅 2008 年中国企业当年海外的并购亏损就达到上千亿元，截至 2015 年年底处于持平和暂时亏损状态的海外并购企业比例为 48%。这些情况都说明，目前在我国企业中资金使用效率低下的问题是非常普遍的，我国企业所常见的非效率投资行为将导致经济波动，对经济的平稳增长造成损害，如果仅从宏观角度是无法研究和探讨投资中的资金使用效率问题和根本解决方案的，因此需要从企业的微观决策机制、微观利益主体的角度出发研究企业非效率投资行为形成的原因及预防机制。

近几十年随着信息经济学和行为金融学理论的不断发展，大量的研究成果表明导致企业非效率投资行为的原因很多，比较有代表性的理论有融资结构与融资约束、不同利益相关者（如股东与经理、股东与债权人、大股东与小股东）之间的冲突、内部现金流量、内部环境与制度、外部环境和市场风险等，其中对经理与股东之间因

---

① 行业划分按照 Wind 行业划分，共十一类行业。

委托代理和信息不对称导致的资金使用效率问题的研究是近年来财务学界研究的重点问题之一。

20 世纪 30 年代，伯利和米恩斯（Berle & Means，1932）揭示了现代企业中的控制权与所有权分离的现象，并对所有者与经营者之间的问题进行了开创性的研究。1976 年，詹森和梅克林（Jensen & Meckling）在其论文《厂商理论：管理行为、代理成本和所有权结构》中首次提出了"委托代理理论"，其基本内容是规定某一当事人（委托人）聘用另一当事人（代理人）完成某项工作时的委托代理关系的成立以及通过委托人和代理人共同认可契约（聘用合同）来确定他们各自的权利和责任。在现代公司制企业中，经理是企业关键资源配置权的直接拥有者，在公司经营活动中发挥着重要作用，因此对股东与经理之间由于委托代理所衍生的系列问题的研究也一直是公司治理研究的重点问题。1988 年，默克（Morck）、施莱弗（Shleifer）和维什尼（Vishny）在对 371 家美国大公司内部人股票所有权比例和公司业绩托宾 Q 值之间的关系进行实证分析后发现两者之间并非线性关系，而是随着内部人持股比例的上升，托宾 Q 值呈现先升后降的趋势，由此提出了管理防御假说。该假说认为，当经理持股增加并超过某一比例时，股东对经理的控制将会被不断削弱，控制权地位的稳固导致经理在决策时会追求自身权益而非公司价值最大化，这样必然会导致公司价值的减损。法里尼亚（Farinha，2003）实证研究了 1987 ~ 1991 年和 1992 ~ 1996 年两个时期的英国公司股利支付率与管理层持股两者之间的关系，结果表明，英国公司管理层持股与股利支付率之间存在明显的"U"形关系，当经理层持股比例达到 30% 及以上时，经理存在支付适当股利而获取私人利益的动机，这与管理防御假说中的预期一致。也就是说，股东与经理之间的代理问题会导致经理在进行财务决策时出现基于自身利益最大化而非企业价值最大化的选择。目前国外的理论和实证证据研究已经表明，经理管理防御是公司财务决策的首要影响因素。

在企业中，除了可以获得股东承诺的薪酬之外，经理还可以享受到各种有形或无形的在职消费，以及通过资源的转移而得到的个人收益等，但是这种伯利和米恩斯认为的经理人拥有的对控制权收益的占有必须符合"在位"的条件，失去合法的"职位"保证，经理就失去了控制权，所有相关的控制权收益也同时化为乌有，经营者控制权收益的损失具有不可补偿性。所以以总经理或总裁为首的高层管理者在经营决策时会优先考虑其自身的利益，采取对自身有利的行为来降低不可分散的雇佣风险，以巩固现有职位，即出现体现经理目标而非企业价值最大化的管理防御行为，反映在财务决策领域中的直接后果就是企业非效率投资行为的蔓延。虽然与以往代理文献所强调的动机（如道德风险）有所不同，但影响一样广泛，同样会产生代理成本。

与西方国家相比，我国企业经理的显性报酬偏低，研究表明我国上市公司高管人员报酬与公司经营业绩之间不存在显著的正相关关系，使解雇作为一种公司治理中的约束手段使用得更加频繁，也就是说，我国企业对经理的激励主要还是在位激励，职位是经理的主要利益来源。因此，经理存在管理防御动机也是出于个人需要的一种理性选择，这将直接导致经理管理防御行为的出现。国内学者袁春生、杨淑娥（2006）认为以总经理或总裁为首的高层经营管理者维护和巩固控制权地位的管理防御动机是导致企业过度投资、投资不足、"敲竹杠"投资、投资短视、多元化折价等非效率投资行为的深层次原因；黄国良、程芳（2007）认为经理管理防御是上市公司股权融资偏好的重要原因之一；李秉祥、曹红、薛思珊（2007）的实证研究结果也证明了在我国上市公司的高级管理层确实存在着管理防御行为，而且这种行为正呈现逐年上升的趋势。众多的理论分析和实证结果表明，经营管理者的管理防御行为有利于经理获得额外收益，但严重损害股东的利益，并减少企业的盈利水平，有损企业价值最大化目标的实现。

从委托代理理论发展的角度来看，一方面，众多学者对代理问题从不同角度进行了深入研究，其中对委托代理对象的研究范围也在不断拓宽，从最初的股东与经理人之间、债务人与债权人之间一直到目前的保险公司与被保险人之间、大股东与小股东之间等，无论在广度上还是深度上都得到了进一步发展；另一方面，随着对股东与经理之间利益冲突所导致的资金使用效率问题的关注，国内理论界开始使用委托代理和信息不对称理论来分析我国企业的投资效率特征。理论研究的不断深入和发展需要从新的角度对经理与股东之间因委托代理关系而产生的资金使用效率问题进行进一步的研究和探析。从实践中来看，也需要从微观利益主体层面继续探讨企业非效率投资行为形成的原因及如何有效防范和预防非效率投资行为继续蔓延的企业内部控制治理制度。

本书尝试从经理人员的管理防御动机和行为出发，揭示经理的管理防御动机如何导致企业非效率投资行为的出现，并从公司治理的角度对如何降低和预防经理管理防御行为的出现，优化企业投资行为的激励和约束对策进行探讨。

1.1.2　研究意义

1.1.2.1　理论意义

投资决策和融资决策、股利决策并称为企业的三大财务决策，其中投资决策既涉及资金的筹集问题，又涉及资金的使用效率问题，是公司最重要的财务决策之一，也是公司未来现金流量增长的重要基础和公司价值创造的主要源泉，因此一直是现代财务管理研究的热点和难点问题之一。迈尔斯（Myers，1977）认为企业价值是由过去投资产生的现有资产和未来投资产生的预期现金流（增长期权）的现值构成的，这说明企业的投资行为是否有效率将直接关系到企业价值是否最大化。按照现代财务管理的理论，企业的投资决策和行为应该按照净现值法选择投资回报率最大的项目以实现企业价值最大化，但在现实经营活动中许多企业却经常存在着各种各样的非效率投资行为。企业的非效率投资行为不仅降低了资金的使用效率，造成股东价值的减损，而且会给公司的正常经营发展带来风险。本书对我国企业经理管理防御与企业非效率投资行为之间的关系进行研究和探讨具有以下理论意义：

（1）对经理与股东之间因信息不对称而产生的委托代理问题从新的角度的进一步研究和分析，有助于从理论上深入了解和探讨由于两权分离所产生的代理问题所导致的企业非效率投资问题。

（2）从理论角度揭示经理的心理动机与决策行为之间的关系，为深入解释经理人的复杂投资行为，多角度认识经理人代理问题提供了新的理论研究思路。

（3）从理论和模型上揭示经理巩固控制权地位的心理和动机如何导致经理做出有损企业价值最大化的投资决策，为优化企业投资行为，减少企业的非效率投资行为从理论角度提供必要的对策思路。

1.1.2.2　实践意义

本书的研究主要揭示我国企业经理管理防御的动机和影响因素，探讨经理管理防御与企业投资行为之间的作用机制和过程以及对我国企业非效率投资行为影响的特殊规律；并且从经理管理防御的角度分析我国企业在投资管理过程中存在问题及问题产生的深层次原因，为我国企业采取必要的激励和约束机制降低因经理管理防御而带来的控制成本和代理成本，深入理解企业复杂的投资行为，优化企业投资行为，提高资金使用效率，提高企业价值提供短期应对措施和长期解决方案都具有十分重要的现实指导意义，同时也为完善我国公司内部控制机制提供可供实践借鉴的政策和建议。

1.2　概念界定

1.2.1　投资

"投资"一词从形式上来说包含名词和动词形式，从概念上来说包含着很宽泛的含义。作为动词形式，投资是一种行为或过程，《辞海》中的定义是："企业或个人以获得未来收益为目的，投放一定量的货币或实物，以经营某项事业的行为"。作为名词形式，投资是指所投的资本或所投的对象。

经济学界中最早对"投资（动词形式）"提出概念定义的是凯恩斯，他在经典论著《就业、货币和利息通论中》指出："所谓投资，往往是指一个私人或一个法人购买一件新的或旧的资产，有时也专指在证券市场上购买一件资产。不过我们对购买房产、机器或一批制成品或半成品，都一样称为投资。"这个定义从经济学角度界定了凡是购买设备、房产、存货等行为均属于投资。此外，凯恩斯还明确指出了"投资"的宏观总量属性定义，即"所谓本期投资，一定等于资本设备在本期中之价值增益"。这也成为宏观经济学的理论分析基础。萨缪尔森则在《经济学》中进一步明确了"投资是由一国建筑、设备和存货存量的增加部分构成的，……是一种为了增加未来的产出而放弃现在消费的经济活动"。这两个概念均来源于传统的资本理论，因此带有浓重的资本理论色彩。

新古典经济学家在研究企业投资行为时，将企业投资看成是资本存量均衡的调整手段。从这个角度来说，广义的投资就是指一定时期内资本存量的改变，它包括以提高企业未来价值为目的所有资本投入产出活动。对企业来说，投资的目的就在于获取利润，按照投资的对象不同，企业投资可以分为实物投资（real investment）和金融投资（financial investment）两种形式。实物投资是指企业将资本要素投入社会再生产过程中具有实物形态的资产，如购买厂房和机器设备等固定资产的经济活动；金融投资是指企业将资本要素投入金融市场的股票、债券、期权或其他金融衍生工具以获取期望收益的经济活动。

根据本书的研究目的，投资主要是指广义投资概念中的实物投资，也就是专指企业为了提高未来的企业价值而进行的固定资产、厂房等实物资产的投资过程和行为，具体体现为资产负债表中固定资产（含在建工程）等的净增加值。

投资决策与融资决策和股利决策并称为企业的三大财务决策，

主要是指企业在给定资本约束的情况下对可能的投资项目进行有效选择，以使其投资收益最大化的过程。本书所指的投资决策主要是指实物投资决策。

对企业实物投资决策的研究主要围绕投资理论、投资规则、投资政策和投资行为四个角度展开。本书不涉及投资决策的具体理论，所指的企业的投资行为就是指投资决策的具体执行和表现过程，由于这两个概念在本书中有着高度的重叠性，因此在使用时一般不加以严格区分。

1.2.2 非效率投资

（1）非效率投资的含义。

在经济学理论中，"效率"一词被广泛用来解释投入与产出之间的关系，根据这个理解，投资效率是指资本的产出与投入之比的，用来描述资本的利用或配置程度。在新古典经济学中，由于完美假设的存在，"最有效率的投资"指的是边际收入等于边际成本这一均衡条件下的资本存量，在现实中这种完美状态是不可能实现的，因此在实际中所说的企业的投资效率只能是相对的效率。

在凯恩斯对投资做出宏观研究之后，微观理论界对投资的研究主要有两个方向：一是以乔根森为代表的对公司的最优资本存量的研究；二是公司财务管理理论倾向于通过各种财务指标做出项目投资决策，例如依据项目的净现值（net present value，NPV）或内部收益率（internal rate of return，IRR）做出决策。由于宏观经济学中的投资效率在现实中是无法实现和衡量的，因此对"非效率投资"的定义只能依据微观理论界的研究结论做出界定。

企业进行投资的根本目的在于利用有限的资源实现企业或股东价值最大化，按照这一根本出发点和现代财务管理理论，企业的投资决策和行为应该按照净现值法（NPV法）选择投资回报率最大的项目以实现企业或股东价值最大化，例如，威尔第（Verdi，2006）就认为效率投资是在没有市场摩擦如逆向选择和道德风险的市场上进行的对净现值（NPV）为正的项目的投资。因此本书定义"非效率投资行为"是指不以企业或股东价值最大化为目标的投资行为，通常指经营者在投资决策中表现出来的过度投资、投资不足、"敲竹杠"长期投资、投资短视和多元化折价投资等行为。对于某些特定情况下的投资行为，如募集资金变更、恶性增资等不涉及项目 NPV 评估的行为不列入本书非效率投资行为的研究范围。

（2）非效率投资的分类。

以往的研究通常将非效率投资行为划分为过度投资和投资不足两种形式。过度投资是指在投资项目净现值小于零的情况下，决策者仍然实施投资的一种现象。投资不足是指在投资项目净现值大于零的情况下，决策者却放弃投资的一种现象。目前随着国内外对非效率投资行为研究的深入，新发现一些仅使用过度投资或投资不足的概念无法概括的非效率投资行为，主要包括"敲竹杠"长期投资、投资短视和多元化折价投资等行为。"敲竹杠"长期投资是指经理偏好选择那些可以用来"敲竹杠"（hold-up）的项目，如能增加自己专用人力资本的长期项目而不是短期项目。投资短视是指企业不遵循最佳投资政策，而是选择那些能迅速回报但并不使公司价值最大化的项目进行投资（Lundstrum，2002）。多元化投资通常是企业分散经营风险和提高企业价值的重要策略，如果多元化投资行为并不符合股东利益最大化，由此产生的现象就是多元化折价现象。国内学者袁春生、杨淑娥认为非效率投资是一种不以企业或股东价值最大化为目标的投资行为，通常指经营者在投资决策中表现出来的过度投资、投资不足、"敲竹杠"投资、投资短视和多元化折价投资等行为。在某些文献和研究中，将"敲竹杠"损失理论所研究的经理偏爱长期项目的投资行为也归入广义的"投资短视行为"的研究范围，本书采用的是狭义的"投资短视行为"概念，不包括"敲竹杠"长期投资行为。

按照非效率投资行为的定义，"敲竹杠"长期投资、投资短视和多元化折价投资等行为均属于该范畴，但在实践中，这几种非效率投资行为很有可能和过度投资、投资不足等行为夹杂在一起，例如，在企业实践中，一个非效率投资项目可以是过度投资，同时也是投资短视，还可以是多元化折价投资的一部分。因此将非效率投资行为划分为过度投资、投资不足、"敲竹杠"长期投资、投资短视和多元化折价投资这五种类型的分类方法并不是排他性划分，一种非效率行为有可能同时也是（或包含）另一种非效率投资行为。

1.2.3　经理

经理在英文中对应"executive"一词，作为名词其中文与经理相关的含义为"执行者、管理人员、经理、董事会、决策人"等，在西方研究文献中也通常使用首席执行官（chief executive officer，CEO）来作为行政总裁、总经理或最高执行长的称谓。CEO 由董事会选举产生并对董事会负责，在公司中，担任 CEO 的可以是董事长、副董事长或总经理。CEO 的主要职责有：①执行董事会的决议；②主持公司的日常业务活动；③经董事会授权，对外签订合同或处理业务；④任免经理人员；⑤定期向董事会报告业务情况，并提交年度报告。CEO 是对公司的经营决策起决定性作用和对其他人员起领导作用的关键人物，但是我国企业中并没有 CEO 这一职位，在改革前企业经营者是厂长，在公司化改造后同时出现董事长和总经理，许多上市公司的董事长兼任了企业的总经理职位，董事长代表了股东的利益，但也有与国外研究不同的特殊问题是国有独资和国有控股公司的董事长并不是股东利益的代表，他们与总经理一样也是经营者，因此国内学者在研究中有的将董事长认定为经理，有的则将董事长和总经理均界定为经理，也有学者只将总经理界定为经理。

与董事长职位的更换相比较，总经理职位的更换更多，也就是总经理的职位更加不稳固，固守职位的动机更加强烈。根据《中华人民共和国公司法》的规定，在公司制企业中，由董事会决定经理的聘任或者解聘，经理对董事会负责，主持企业的生产经营管理工作等。因此，根据本书的研究目的和《中华人民共和国公司法》中的相关规定，本书只将企业总经理界定为经理，而不包括企业的董事长。

1.2.4　管理防御

"管理防御"一词来源于英文翻译，其直译的含义最早可追溯到"managerial defense"一词。在西方并购研究文献中，"managerial defense"通常是指各种反并购、反接管措施，具体是指拥有企业实际控制权的经理人能直接或者间接操纵的、用以增加潜在进入者的接管成本，以防止接管发生的机制安排和方法，这些措施的采用通常会使外部接管难以成功（Stulz，1988）。但随着研究的深入，理论界为了区分经理在职业生涯危机中的心理、动机和行为对企业价值的影响而使用了新的名词"managerial entrenchment"。对于"entrench"一词，中文含义多为"挖壕沟"，"entrenchment"是其名词形式，也就是"壕沟、防卫工事"的意思。对于"managerial entrenchment"一词，国内学者的译法表达也多有不同，有些学者将其翻译为"管理防御"，有些学者将其翻译为"壕沟防御""管理者壁垒"，也有学者将其翻译为"职位固守"。本书采用"管理防御"这一翻译表达。

国外学者对"managerial entrenchment"的概念表述也不太一致。默克、施莱弗和维什尼（1988）在研究有关内部人所有权与公司业绩之间的关系时，提出了管理防御假说（managerial entrenchment hypothsis），该假说认为经理人持股会导致其追求非公司价值最大化决策，以满足个人在职利益，并防止被撤换，由于经理职位相关控制权损失的不可弥补性和经理离职后转换工作成本的存在，使他们具有职位固守的强烈动机。伯奇等人（Berge et al，1997）将其定义为经理不受公司治理和控制约束的状态。魏尔和彼得（Weir & Peter，1999）认为管理防御问题的出现是由于经理未能寻求股东利益目标而又无法对其进行替换，管理防御的存在甚至会使来自产品市场和经理市场的竞争压力也无法对经理受聘构成威胁。

与"managerial defense"相比，"managerial entrenchment"的动机不仅仅只是经理人应对外部并购威胁时采取的策略，同样也适用于针对来自企业内部的控制制度。在企业中，经理除了可以获得股东承诺的薪酬之外，还可以享受到各种有形或无形的在职消费，以及通过资源的转移而得到的个人收益等，但是同时经理在公司内、外部控制机制下也会面临被解雇、降职、企业被外部接管等职业生涯危机，这些危机一旦成为现实将对经理的职业生涯历程造成不可估量的损失。吉尔森（Gilson，1989）实证研究了美国财务状况恶化公司高级主管离职情况，在 381 个样本中一致显示经理人离职有很高的个人成本，尤其在 52% 的抽样公司中，高级主管在负债违约或破产时都遭到撤换，离职后平均有 3 年未能在其他公司担任要职，而离职时平均年龄仅 52 岁。因此对于经理人来说，失去经理的在位无论是来自内部解聘还是外部接管，都是一种很高的人力资本风险，这将导致经理人员的福利损失和职业生涯声誉损失，并且受其个人财富的约束，这些损失对经理人来说代价很大。所以经理在经营决策时会优先考虑其自身的利益，采取对自身有利的行为来降低不可分散的雇佣风险，以巩固现有职位，无论这种管理防御行为是针对内部控制制度还是外部接管，其结果都是损害股东利益并影响企业价值最大化目标的实现。

因此本书所采用的管理防御（managerial entrenchment）概念要比"managerial defense"的范围更加广泛一些，即管理防御（managerial entrenchment）是指经理在公司内、外部控制机制下其职业生涯中会面临被解雇、企业破产、被接管等所带来的威胁与压力，经理人在这些压力下选择有利于维护自身职位并追求自身效用最大化的行为。

1.2.5 经理的控制权地位与控制权收益

所有权和控制权是两个完全不同的概念。根据我国《民法通则》的规定，所有权是指所有人依法对自己财产所享有的占有、使用、收益和处分的权利，它是一种财产权，又称财产所有权。从实践角度来看，企业的所有权取决于对企业具有表决权的股份拥有的数量和比例程度。控制权一词最早来源于伯利和米恩斯的研究。20 世纪 30 年代，伯利和米恩斯（1932）揭示了现代企业中的控制权与所有权分离的现象，并且在所有者与经营者之间的问题进行研究之后提出了著名的企业管理者理论：由于股份公司的股权广泛分散，股东几乎没有能力和动力掌握公司控制权，企业的控制权实际转入管理者手中，企业的"所有者"也已被贬到"仅是资金提供者的地位"。在企业实践中，控制权结构首先表现为控制权在公司权利主体的配置状况。按照伯利和米恩斯的观点，所谓与所有权相分离的企业控制权，是指无论通过行使法定权力还是通过施加压力，在事实上所拥有的选择董事会成员或其多数成员的权力。法玛和詹林（Fama & Jensen，1983）将控制权分为经营决策权和决策控制权，其研究认为，在公司制企业中，控制权是通过契约授权（delegate power）在公司内部配置，作为所有者的股东，除保留通过股东大会制度行使最终控制权外，将剩余控制权绝大部分授予董事会；董事会保留"决策控制权"而将"经营决策权"授予经理，董事会代表全体股东的利益，经理向董事会负责。目前随着技术革新和管理专业化引发了企业组织结构形式的深刻变化，公司的股权也越来越分散，企业的控制权逐渐转入管理者手中。阿吉翁和梯若尔（Aghion & Tirole，1992）就将公司控制权划分为名义控制权（formal authority）和实际控制权（real authority），这种分类也表明了享有控制权与行使控制权的差异。国内学者周其仁（1997）认为，公司控制权可以被理解为排他性使用公司资产，特别是利用公司资产从事投资与市场运营的决策权。这也表明经理完全可以取代所有者成为企业经营最有影响力的经营决策人物，支配和控制着企业的决策和运营，继而可能出现经营者的经营决策权超越了董事会的决策控制权的现象。只是经理的这种控制权并非派生于股东的所有者权利，而是依赖于委托代理契约中无法明确约定的剩余控制权。

　　经理层拥有董事会通过契约授予的对生产经营、资产运作和雇佣的直接决策权，成为掌握公司控制权的主体，因此经理的管理权力和行为空间大小对企业各种决策项目的实施和经营有着重要影响。自伯利和米恩斯之后，包括鲍莫尔（Baumol，1959）、詹林和梅克林（1976）、汉里布克和芬克尔斯坦（Hambrick & Finkelstein，1987）在内的众多学者都对该问题进行了研究，虽然多位学者在不同的管理者目标和股东约束假设下，提出了不同的管理者行为模型，但都保持了管理者主导企业的观点。

在我国，根据《中华人民共和国公司法》第五十条规定，有限责任公司可以设经理，由董事会决定聘任或者解聘。经理对董事会负责，行使下列职权：①主持公司的生产经营管理工作，组织实施董事会决议；②组织实施公司年度经营计划和投资方案；③拟订公司内部管理机构设置方案；④拟订公司的基本管理制度；⑤制定公司的具体规章；⑥提请聘任或者解聘公司副经理、财务负责人；⑦决定聘任或者解聘除应由董事会决定聘任或者解聘以外的负责管理人员；⑧董事会授予的其他职权（第一百一十四条规定该条款对有限责任公司经理职权的规定适用于股份有限公司经理）。根据这一规定，在我国公司制企业中，经理也同样拥有董事会通过契约授予的对生产经营、资产运作和其他高层管理人员聘任或者解聘的直接决策权。因此经理完全可以成为掌握公司控制权的主体，对财务和企业其他经营管理活动拥有决策权。

经理所拥有的经营控制权不仅可以实现经理对企业运营的控制，而且能为经理带来控制权私有收益。控制权私有收益（private benefits of control），又称控制权收益，这一概念由格罗斯曼和哈特（Grossman & Hart，1988）首先提出，他们认为控股股东的收益包括共享收益（如企业利润）和经营者所享有的私人收益（即控制权私有收益）。这之后有学者将控制权私有收益划分为货币性收益与非货币性收益分别进行研究。货币性收益通常指拥有控制权的股东通过剥夺的方式转移资产所获取的收益；非货币性收益则是指企业经营者在经营过程中的过度在职消费、闲暇享受等。根据控制权私有收益理论，作为企业经营者的经理除了可以获得股东承诺的各种薪酬

（包括福利）之外，还可以获得由控制权所带来的额外私有收益，这种私有收益的具体表现形式往往是多种多样的，如可以是各种在职消费等外在收益，也可以是精神上的享受等内在心理感受。当然这种额外的私有收益必须符合"在位"的前提，也就是企业的经营者通过合法的控制权才能享有的私有收益，是与经理职位紧密联系在一起的。

1.3 研究的思路和主要内容

本书以企业总经理的管理防御心理和动机对企业投资行为的影响为研究主线，在总结和吸收国内外相关研究成果的基础上，结合我国目前经济发展和企业的实际情况，对经理管理防御的动因、影响因素以及影响因素之间的相互作用关系进行研究；采用不对称信息下的博弈模型研究和探讨经理管理防御对企业投资行为的影响机制和影响过程；采用实证研究的方法验证了过度投资与投资不足模型的现实存在性，采用实验研究的方法验证了投资短视模型的现实可靠性；最后是在前面研究的基础上对如何采取激励和约束机制降低经理管理防御动机和行为的公司治理对策进行探讨。

全书共分为八个部分。

第 1 章是绪论，主要介绍本书的研究背景和意义、研究目的、研究的主要问题、研究的框架和思路，并界定研究中涉及的主要基本概念等。

第 2 章是文献综述，重点围绕包括经理管理防御在内的企业非效率投资行为研究理论进行综述性的介绍。

第 3 章主要对经理管理防御动因对企业非效率投资行为的影响进行理论分析，探讨管理防御的影响因素并对这些影响因素之间的相互作用关系进行研究。

第 4 章重点研究经理管理防御与企业各类非效率投资行为之间的关系，介绍研究中将要选用的分析模型和模型原理并构建模型对基于经理管理防御的企业非效率投资行为进行研究，重点是揭示经理的管理防御心理和动机是如何导致企业非效率投资行为的过程和机制。

第 5 章采用 2014～2016 年我国上市公司的数据实证检验了第 4 章中过度投资与投资不足模型的现实存在性。

第 6 章采用实验研究的方法对经理管理防御与企业投资短视行为之间的关系进行研究，验证我国目前高层管理者管理防御动机和行为的普遍存在。

第 7 章是在前面的研究基础上，从公司人力资源管理和内部控制的角度提出对预防和降低经理管理防御动机和行为的激励和约束对策与建议，用于指导公司制企业的管理和治理制度建设以防范和降低经理的管理防御行为。

第 8 章是结论与研究展望，将对本书的所有研究工作做出总结并提出未来的研究展望。

1.4　研究的框架与方法

本书的研究框架如图 1-1 所示。

本书的研究紧密围绕企业总经理的管理防御心理和动机对企业投资行为的影响而展开，在对相关文献综述和述评的基础上采用定性分析与定量分析相结合、规范分析与实证、实验验证相结合的方法。在第 3 章中对经理管理防御的动因和影响因素主要采用理论分析的方法，对各因素之间相互作用的研究主要采用构建数学模型，使用函数分析方法进行。在第 4 章中对管理防御如何引发非效率投资行为的过程采用不完全信息下的动态博弈模型进行研究和分析。在第 5 章中对我国目前企业是否存在经理管理防御引发过度投资与投资不足行为采用实证研究的方法进行理论验证。在第 6 章中对我国目前企业是否存在经理管理防御引发投资短视行为采用实验研究的方法进行理论验证，在实验研究中首先从理论上分析实验研究方

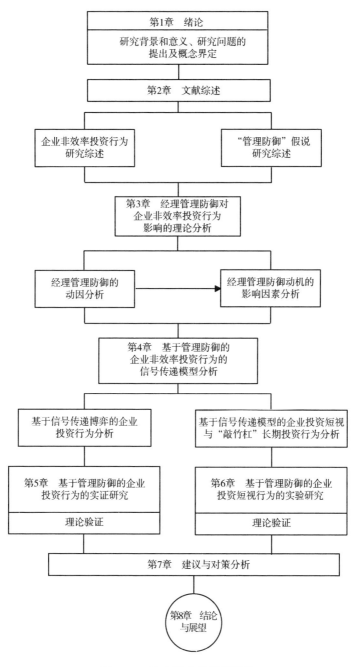

图 1 – 1 论文的主体框架结构

案的可行性和可实现性，按照经济学中科学实验的方法和要求设计实验，选取最符合研究对象特点且能以合适的时间和成本完成实验的实验对象，依据科学的实验流程要求完成实验过程，对实验数据的处理和分析完全符合统计学中的要求。在第 7 章中对降低和预防经理管理防御行为的对策分析主要在前面研究的基础上采用理论分析的方法提出对策和建议。

1.5　本章小结

　　股东与经理之间的利益冲突反映在企业投资领域是造成企业非效率投资行为的主要原因之一。经理在公司内、外部控制机制下会面临被解雇、降职、企业被接管等职业生涯危机，因此，经理在经营决策时会优先考虑其自身的利益，其决策行为往往体现经理目标而非企业价值最大化，即出现针对内、外部控制机制的管理防御行为，反映在财务决策中就是出现各种非效率投资行为。目前国外的理论和实证证据研究已经表明，经理管理防御是公司财务决策的首要影响因素，管理防御行为有利于经理获得额外利益，但却有损于企业的利益和目标。本书以企业总经理的管理防御心理和动机对企业投资行为的影响为研究主线，在总结和吸收国内外相关研究成果的基础上，结合我国目前经济发展和企业的实际情况，对影响我国企业非效率投资行为的经理的管理防御动因和影响因素进行研究和分析探讨，在此基础上构建数学函数模型对各因素之间的相互作用关系进行进一步的研究；构建不对称动态博弈模型研究经理的管理防御动机如何导致企业的非效率投资行为；采用实证和实验研究的方法验证在我国目前的情况下，经理的管理防御动机的确造成了企业的非效率投资行为；根据已有的分析和模型寻找对治理经理非效率投资决策和行为蔓延的可行性措施和方法。

　　本书的研究是对经理人与股东之间因信息不对称而产生的代理问题从新角度的进一步研究和分析，为多角度认识经理人代理问题提供了新的思路，从理论和模型上揭示经理巩固控制权地位的心理和动机如何导致经理做出有损企业价值最大化的投资决策，为我国企业降低因经理管理防御而带来的控制成本和代理成本，优化企业投资行为，提高企业价值提供短期应对措施和长期解决方案都具有十分重要的现实意义，同时也为完善我国公司内部控制中的激励和约束机制提供政策建议。

第2章　文献综述

经济学界对企业投资理论的研究始于宏观经济学中的研究，经过长期的发展已经形成了比较成熟的理论，其中的经典理论包括凯恩斯的投资决定理论、乔根森（Jorgenson，1963）的新古典投资理论、加速数模型、现金流量模型和托宾的 Q 值理论等。纵观这些投资理论，新古典主义的资本理论和企业理论对投资行为的微观基础、最优资本积累和最优投资决策理论进行了发展，加速数模型理论则为投资行为和投资变动的宏观经济效应进行了实证分析。与以往的投资理论相比，乔根森的新古典投资理论和托宾的 Q 值理论研究的是确定条件下的企业投资行为。但是以往的这些研究都有一个共同的特点就是对于公司投资行为和投资决策过程都基于完全理性和充分信息的假设前提之下。即对于给定的投资机会和投资项目，企业经理非常清楚每一个投资机会和投资项目的预期收益和风险概率分布，而且经理也是完全理性和不受干扰的，会依据投资项目的最大期望预期收益原则进行决策。这种"假定所有投资者面对所有需要投资的项目，都具有共同与已知的收益风险概率分布知识"的前提假设完全没有将委托代理问题、信息不对称和决策者的非理性决策等问题考虑在内，这必然不符合现实中的情况。实际上，由于上述三种问题的存在，企业的投资决策可能与许多因素都相关。目前随着研究的深入和各种研究理论（如信息经济学和不确定性经济学）的兴起，越来越多的研究认为委托代理问题、信息不对称和决策者的非理性决策对企业投资行为的影响也是不容忽视的。基于上述研究内容，本章第一节将重点围绕委托代理冲突、信息不对称和行为金融学三个角度，对涉及企业非效率投资行为的理论和实证研究成果的主要研究文献进行梳理；第二节将对管理防御假说的相关理论和文献进行介绍，为后面的研究提供理论依据。

2.1 企业非效率投资理论综述

MM 理论提出之后，国外学术界开始通过研究企业的现金流对企业投资决策的非效率问题进行理论和实证上的研究。在这些研究中，最有影响的结论是认为由于委托代理问题和资本市场的信息不对称扭曲了企业的投资行为，最终导致了企业非效率投资行为出现。但是这些研究均是在"决策者都是追求效用最大化的理性决策者"的前提假设下对企业的非效率投资行为进行研究，这种"理性经济人"假设条件与现实中企业决策者的实际情况之间还有着较大的差异，因此国外学者也从投资决策者的非理性角度对企业投资行为的影响做出研究。本节将主要介绍这三种理论视角认为的对企业投资有影响的相关理论。

2.1.1 基于委托代理冲突的企业非效率投资理论

2.1.1.1 委托代理的基本理论

早在 18 世纪，亚当·斯密（1776）在《国富论》中就指出"普通劳动工资的确定取决于双方经常性的契约，而双方的利益并不相同，工人希望得到的更多，而雇主则希望给付越少越好。"这说明当时亚当·斯密已经意识到雇主与雇工之间的利益冲突，这也许是最早的对经理与雇主之间利益分歧的一种描述。20 世纪 30 年代，伯利和米恩斯（1932）揭示了现代企业中的所有权与经营权分离的现象，并且对所有者与经营者之间的代理问题进行了开创性的研究，认为经理与股东之间由于两权分离存在着潜在的利益冲突，这一理论使传统的以利润最大化为目标的企业理论受到挑战，也为后来委托代理理论的提出奠定了理论基石。1976 年，詹森和梅克林在其论文《厂商理论：管理行为、代理成本和所有权结构》中首次提出了"委托代理理论"，其基本内容是规定某一当事人（委托人）聘用另一当事人（代理人）完成某项工作时的委托代理关系的成立以及通过委托人和代理人共同认可契约（聘用合同）来确定他们各自的权利和责任，基于委托代理关系产生的委托代理理论逐渐成为现代企业理论的重要组成部分。

对于代理冲突对企业投资决策的影响，可以使用企业内部各种代理冲突所导致的代理成本来解释和衡量。詹森和梅克林（1976）在提出"委托代理理论"的同时也定义了代理成本，即"企业内部各种代理冲突的客观存在会使投资选择偏离最有效率的项目，并且导致投资者花费资源来监督厂商的行为，这就形成了所谓的代理成本"。这也充分揭示了企业中的代理冲突会导致企业的非效率投资行为。

在企业中，股东与经理之间、大小股东之间都存在由于代理关系而导致的利益冲突，这两种关系对企业非效率投资行为的影响方式和机理均不相同，因此以下将分类对上述两种关系导致的非效率投资行为的研究文献进行回顾。

2.1.1.2 股东与经理代理冲突下的企业非效率投资行为

对于股东与经理之间关系的研究，委托代理理论将研究焦点集中在企业资源提供者与资源使用者之间的利益冲突上。该理论认为，经理是企业资源的实际控制人，如果同时还是企业资源的所有者时，经理将拥有企业全部的剩余索取权，经理是为自身而工作，因此，在这种情况下，企业不存在委托代理的利益冲突问题，经理将会努力工作。反之，如果经理并不是拥有企业全部的剩余索取权，股东与经理之间的代理冲突就不可避免。根据这一理论，现代企业中委托代理关系是广泛存在的，在这种情况下委托人和代理人之间利益的不一致导致了企业经理可能出现职位固守和获取自身利益最大化的动机，反映在企业的投资决策领域就是会导致各种非效率投资行为的发生。詹森和梅克林（1976）的研究表明，股东与经理之间存在着利益冲突，这种利益冲突所引起的代理问题反映在企业投资领域就是各种非效率的投资行为。目前国外对股东和经理之间代理冲突导致的非效率投资行为的主要研究成果有：

（1）过度投资。

过度投资是指在投资项目净现值小于零的情况下，决策者仍然实施投资的一种现象。在过度投资研究领域中，比较经典的理论有詹森（1986）的"自由现金流假说"，该假说认为，经营管理者努力工作的成果由股东和经营管理者双方分享，而成本却由经营管理者独自承担，由于经营管理者的目标是自身利益最大化，股东与经营管理者之间存在委托代理矛盾，当企业拥有大量的自由现金流量（free cash flow）时，即使企业不存在好的投资机会的情况下，企业的经营管理者基于自身利益考虑仍然倾向于将企业过去投资产生的现金流投资在净现值为负的企业投资规模扩大的项目上，而不是将其分配给股东，以此来获取非货币收益，这些收益包括更多的在职消费、满足其帝国构建心理、构建职场声誉等，从而导致企业过度投资行为的发生。对于"自由现金流假说"，许多学者进行了实证研究。郎咸平和利泽贝格（Lang & Lizenberger，1989）从股利政策角度检验了自由现金流量假说。斯特朗和迈耶（Strong & Meyer，1990）以制纸行业企业为研究对象，研究成果发现剩余现金流与任意投资有很显著的正相关关系，而任意投资与股价则呈显著的负相关关系，这表明剩余现金流常被用于任意净现值为负的投资项目，过度投资的确存在。沃格特（Vogt，1994）以 359 家美国制造业企业为研究对象的实证研究结果发现经理使用企业自由现金流进行过度投资是导致投资与现金流之间相关性的重要原因。理查森（Richardson，2003）以美国 1988～2002 年上市公司为研究对象的实证研究结果也验证了自由现金流假说。以上这些研究结果从不同角度支持了自由现金流假说。

斯塔茨（Stulz，1990）以股权高度分散的公司为研究对象，发现经理人有动机对负的净现值项目进行投资，这使经理人能掌握更多的资源，获得更多的在职消费，但是他认为不管代理问题多么严重，从经理人的营造企业帝国倾向直接得出必然导致过度投资行为的经验预测是不正确的，如果好的自然状态下自由现金流量大于投资机会，就会出现过度投资，反之会出现投资不足。

赫舒拉发和撒克（Hirshleifer & Thakor，1992）的研究结果表明，即使企业的投资项目在实施过程中已经显示出其 NPV 肯定为负，但管理者为了给人以当初决策是正确的良好印象而不愿放弃，甚至继续追加投资这种情形导致的投资过度问题更加严重。詹森（1993）论证了扩张偏好会促使管理者将所有的资金用于投资项目，这就使投资的现金流敏感度能很好地反映企业管理者过度投资的倾向。斯蒂芬（Stephen，1994）的研究模型表明，股东监督成本越大，新项目的边际 q 值越小，企业的代理成本越高，经理利用现金流投资 NPV 为负的项目获得的私人收益就越多。申和金（Shin & Kim，2002）发现，当经理人和股东之间的激励不相容时，经理人可能投资于非价值最大化的项目，投资行为与成长机会之间的关系并不密切。

基于以上研究结果，无论是出于对稳固职位还是获取更多额外私人利益的考虑出发，经理都有动机将闲余的现金流量对外进行扩张性投资以扩大企业的经营规模而不考虑这些投资是否能为企业带来效益，是否符合股东利益，虽然管理者也会首先偏好投资于 NPV 为正的项目，但也并不排斥 NPV 为负的项目，在后者的情况下就产生了过度投资行为。

（2）投资不足。

投资不足是指在投资项目净现值大于零的情况下，决策者却放弃投资的一种现象。

上述对过度投资的文献综述显示经理谋求私利的动机产生的非效率投资行为主要以过度投资为主，但在某些情况下也会出现投资不足的问题，根据詹森和梅克林（1976）的研究，对这一问题的解释在于：股东与经理之间存在的利益冲突主要体现在管理层对待项目风险的态度和处理方式可能与股东不同。

　　赫舒拉发和撒克（1992）的研究也表明，对风险规避型经理来说，某些投资项目虽然净现值大于零，但是由于市场风险或外部环境的不确定性比较大，经理担心项目会失败则有可能放弃该项目，或者选择相对更为安全的项目。

　　除了市场风险和不确定性会导致经理的投资不足行为，某些学者的研究还表明有可能是其他原因导致了投资不足行为的出现。纳拉亚南（Narayanan，1985）的模型表明，为了提高自身在经理市场中的声誉和地位，经理有可能会尽量采用在短期内提升企业短期绩效的投资，而减少提高股东长期价值的投资，这可能会以减少股东长期价值投资为代价，导致企业在某些长期资产上的投资不足。从非效率投资行为的分类上来说，这也属于投资短视行为。

　　虽然许多学者的研究验证了"自由现金流假说"，但是奥利纳和詹德布施（Oliner & Rudebusch）的研究结果与自由现金流假说并不相符。斯坦（Stein，2003）则认为，投资不足和过度投资或者自由现金流理论与融资约束假说并不是互相排斥的，其研究模型验证了企业在某些情形下产生事后的过度投资，而在另一些情形下产生事后的投资不足。这一观点得到了莫尔加多和平达多（Morgado & Pindado，2003）的支持。莫尔加多和平达多（2003）的研究认为，自由现金流低于样本均值的企业被认为是具有投资不足倾向，而自由现金流高于样本均值的企业被认为是具有过度投资倾向，他们也验证了这两类企业的投资对现金流都是敏感的。

　　以上的研究文献揭示了企业投资不足行为的产生的原因，虽然结论有所不同，但均是基于股东与经理之间代理冲突的角度。

　　（3）"敲竹杠"长期投资行为①。

　　当企业存在长期投资与短期投资两个项目，其净现值都大于零，但由于企业受到资金限制只能选择其中一个时，基于股东利益和企

---

　　①　在某些文献和研究中，将"敲竹杠"损失理论所研究的经理偏爱长期项目的投资行为也归入广义的"投资短视行为"的研究范围，本书采用的是狭义的"投资短视行为"概念，不包括"敲竹杠"长期投资行为。

业价值最大化的角度考虑应该选择净现值较大的项目而不考虑项目的期限长短，但是经理出于自身利益的考虑其选择往往体现自身利益最大化出现"敲竹杠"的长期投资行为或投资短视行为。对这两种非效率投资行为的研究通常联系在一起。

"敲竹杠"长期投资行为是指经理偏好选择那些可以用来"敲竹杠"（hold-up）的项目，如能增加自己专用人力资本的长期项目而不是短期项目。

施莱弗和维什尼（1988）的研究认为经理偏爱投资于那些能增加自己专用人力资本的长期项目而不是短期项目，而不论这些项目是否对股东有利，因为这将增加他们稳固自己职位的机会。纳加拉詹、什特马克里齐南和斯里达尔（Nagarajan, Stvaramakrishnan & Sridhar, 1995）在研究了经理谋求自身利益的心理对公司长短期投资项目选择的影响之后认为经理在投资决策时除了考虑自己的声誉评价外，对职位稳定性的考虑也是一个重要的影响因素。他们的研究结果认为当经理人着重于职位固守，降低自己被解雇的可能，将倾向选择短期投资决策以降低投资和经营破产风险；当经理人更看中经理人市场声誉时，将倾向采取长期投资决策以获取更高的企业利润，同时增加了经理人市场对其能力的肯定程度。因此经理在长短期项目决策中考虑更多的是职位固守或市场声誉评价，并以此为依据选择对自身最有利的投资项目，如果这时经理选择了较低净现值的项目就出现了"敲竹杠"的长期投资行为或投资短视行为。

在前人研究的基础上，诺埃·勒贝尔（Noe Rebelle, 1997）提出了"敲竹杠"损失理论（hold up losses theory），专门研究经理人力资本专用性特征和投资决策权的分配对经理投资行为的影响。诺埃·勒贝尔（1997）的研究认为经理人力资本专用性特征将影响经理在管理防御时对公司投资项目的选择。经理在企业经营管理过程中投入自身的专用性人力资本，如果这种专用性人力资本是专有的、稀缺的、难以模仿的并对企业未来发展有着重要决定作用和意义的，这不仅意味着股东对经理的解聘将付出巨大的成本代价，而且从某一方面来说经理也具备了与股东讨价还价的谈判能力，这种谈判能力的大小将取决于经理人力资本专用性价值的大小。因此，诺埃·勒贝尔（1997）的研究结果表明，当面临两个净现值都大于零的长期投资与短期投资项目时，经理人往往偏爱投资那些能增加自己专用人力资本的长期项目，因为经理的人力资本专用性将对企业长期投资项目现金流的未来实现非常必要，这使股东无法轻易解聘或替换该经理，此外这种选择也增加了经理与股东讨价还价的谈判能力，例如，经理可以在项目现金流实现之前威胁离开企业以谋求更多的报酬（或其他额外收益），如果这种威胁是可信的，选择长期项目将增加经理稳固自己职位的机会并提高与股东的谈判能力，这就是典型的"敲竹杠"行为。通过"敲竹杠"行为，经理获得专用性人力资本租金，而且经理的任职时间越长，其针对该企业的专用性人力资本价值越高，就越有可能实施长期投资项目。

（4）投资短视行为。

投资短视是指企业不遵循最佳投资政策，而是选择那些能迅速回报但并不使公司价值最大化的项目进行投资。伦德斯特默（Lundstrum，2002）认为投资短视的潜在原因是管理层的职业考虑，即经理人不仅关心本期的收入，更关心未来是否会被留任。

工资扭曲理论（wage distortion theory）的主要提出者纳拉亚南（Narayanan，1985）研究了在经理人能力未知且经理人市场和股东能根据投资项目的业绩推断经理人能力的情况下经理人的投资决策行为，认为经理人市场上的信息问题导致了短视投资行为。当公司的投资机会不容易为外界观察时，出于对自己职业生涯的考虑，经理就可能过分追求短期结果，偏好选择赢利快的短期项目，以人为增长公司当前业绩。[①] 因此，如果所有市场参与者都能很容易地观察到公司的投资机会，投资短视行为就不会出现。此外，纳拉亚南

---

① 企业非效率投资行为的具体表现有可能是多种行为夹杂在一起，例如，纳拉亚南（1985）的研究结果既支持投资不足也支持投资短视。经理出于提升短期业绩的动机既可以导致企业在长期项目上的投资不足行为（当企业资金充足可以进行长、短期项目的同时投资时），也会导致放弃具有较高净现值长期项目的投资短视行为（当企业资金不足只能从长、短期项目中选择一项进行投资时）。

（1985，1987）在对经理任期、投资项目风险水平和经理选拔方式与投资短视行为关系的研究中还发现企业经理人任期越长，投资短视空间越小；投资项目风险水平越高，投资短视行为越严重。工资扭曲理论虽然揭示出经理为了提升自身声誉和威望而出现损害股东权益、欺骗经理市场的投资短视行为，但是并没有对经理在整个职业生涯期间的短视行为表现进行系统和动态的研究。

在前面的研究中已经提到，纳加拉詹、什特马克里齐南和斯里达尔（1995）的研究结果认为，当经理人着重于职位固守时，为降低自己被解雇的可能，将倾向选择短期投资项目以降低投资和经营破产风险，如果这时短期项目的净现值较低就出现了投资短视行为。赫舒拉发和撒克（1992）的研究也同样认为企业投资短视行为倾向的出现是因为回报快的项目能在经理人市场上迅速建立起管理者的职业声誉，反之，投资回报很慢的项目则由于实现期限太长而容易被人们所忽略。

以上文献认为"敲竹杠"长期投资行为与投资短视行为的出现均与经理对个人利益的追求密切相关，由于经理的个人情况差异造成对利益追求的形式不同最终造成不同的决策，因此对这两种非效率投资行为的研究和理论通常是联系在一起的。

（5）多元化折价投资。

多元化经营本来是企业用来分散经营风险的重要战略，但是多元化投资却通常会导致企业价值的减损。国外的实证研究结果证实，多元化投资的成本常常超过其投资收益，而相对于同水平的专业化企业而言，多元化投资企业存在企业价值的"多元化折价"现象，这是因为当企业为了分散风险或是扩张企业规模而将资金投入与企业自身主营业务相关性很小甚至完全不相关的领域时，由于企业对这部分业务并不熟悉和了解，新投资项目带来的收益率不及原主营业务的收益率，这就会导致较低的企业资金使用效率。德鲁克认为，企业多元化投资程度越高，可能造成的决策和协调失误就越多。此外，由于企业为了实现多元化经营而将资源分散投入新的项目中也会造成原有业务的资源配置不足，降低原优势产业在市场竞争中的地位，原有主营业务的资金不足与新项目的资金使用效率低下并存会造成企业价值的双重减损，这说明多元化投资既会造成企业对原有经营业务的投资不足，也会造成对新业务的过度投资。拉詹等（Rajan et al.，1998）和沙尔夫斯泰因（Scharfstein，1998）的研究发现多元化通常会导致投资资金的错误配置。拉蒙特（Lamont，1997）、伯杰和汉恩（Berger & Hann，2003）的研究则发现在多元化企业中，现金流充裕的分公司会将资金转移以支持业绩低下的分公司，导致企业整体资金使用效率降低。

股东与经理之间的代理冲突可能使经理在企业多元化投资过程中出现不符合股东利益最大化原则的投资行为扭曲现象，这将进一步加重多元化折价现象的程度。詹森（1986）认为，企业管理者并不愿意分发现金股利将企业可控制的现金流返还给股东，而是更有可能进行一些低收益甚至价值降低的跨行业并购，即实行多元化投资，这是因为经理不愿意降低自身对企业资源的专有控制权，因此代理问题的存在容易造成公司的多元化折价。此外，雇佣风险也会影响经理的多元化决策，这是因为经理不能有效地分散自己的人力资本雇佣风险，所以他们通过企业的多元化扩张来降低企业的风险以减少企业经营失败的可能性，同时也增加了自己工作的安全性，从而给其专用性人力资本增加了保险系数。

以上研究说明多元化投资本身就会造成企业的多元化折价现象，股东与经理之间代理冲突的存在既会造成经理做出多元化投资的决策，也会造成经理在多元化投资过程中的非效率投资决策，这两种决策都会造成企业的非效率投资行为。

2.1.1.3　大小股东代理冲突下的企业非效率投资行为

基于代理理论的观点认为委托人与代理人之间存在的利益冲突导致了企业非效率投资行为的发生，随着研究的深入，众多学者发现这种利益冲突不只发生在股东与经理之间、内部人与外部投资者之间，而且可以发生在大股东与小股东之间，并且随着企业所有权的集中，大股东持股比例的提高使这一矛盾在投资领域中的体现越来越明显。

20 世纪 80 年代以来，众多研究发现企业的股权结构存在明显的集中现象。大股东持股比例高于某一临界值将直接导致企业中控股股东的出现。加德洪、郎咸平和杨（Gadhoum, Lang & Young, 2005）以美国 3607 家上市公司为研究对象的实证研究发现，在美国，股权集中与终极股东控制的现象是普遍存在的。阿提哥、加德洪和郎咸平（Attig, Gadhoum & Lang, 2003）对 1994~1996 年加拿大 1167 家上市公司的研究发现，在 10% 和 20% 的控制权标准下，分别有 81.60% 和 63.32% 的公司存在终极股东。

在企业中，如果大股东持股比例高于某一临界值时，该股东将有足够的控制力，在投资决策中就可以操纵实施有利于自身利益的投资项目来构建控制性资源，其最终目的是攫取控制权私有收益（private benefits of control），这种私有收益是由控股股东独享的，也完全区别于控股股东与其他股东按照所有权比例共同享有的控制权共享收益（share benefits of control）。在这种情况下，大股东更为关心的是控制权私有收益是否能实现而不是投资项目能为企业带来多少收益和利润，因此可能导致非效率投资行为的出现。德姆塞茨Demsetz, 1985）的研究就认为，在缺乏外部控制威胁或外部股东类型多元化的情形下，控股股东可能牺牲其他股东利益来追求自身福利最大化，从而导致公司业绩低下。埃尔哈特和诺瓦克（Ehrhardt & Nowak, 2003）则指出任何不为小股东所分享的私人收益，无论是货币还是非货币的都会使控股股东做出偏离公司总价值最大化的决策。在公司治理文献中，把最终所有者（控股股东）利用"金字塔"结构谋取控制权私人收益的行为称为隧道行为或隧道效应（tunneling），意思就是以不为人知的隐蔽方式逐渐掏空企业的行为。

亚历山大等（Alexander et al., 2004）的研究发现，控股股东有可能通过控制企业资源在时间和空间上的分配以制定有利于实现自身利益的投资决策。哈坎等（Hakan et al., 2006）通过比较分析了由于控股股东的存在所导致的代理问题对企业价值的影响，结果发现，通过"金字塔"结构、双重投票权等方式实现两权分离的企业，由于控股股东的存在，企业的投资收益相对要比不通过上述两种方式行使表决权的企业要低。以上研究结果表明，大股东对控制权私有收益的追求动机会对企业的投资效率产生负面影响。

马丁和彼特（Martin & Peter，2007）的研究认为与控股股东采用证券回购、资产转移和内部交易等方式对中小股东利益的直接侵占相比而言，控股股东对控制权私有收益的追求产生的非效率财务决策行为，对公司价值也就是对小股东利益带来的隐形或间接的损害，可能更为严重。阿加沃尔和萨姆维克（Aggarwal & Samwick，2003）认为大小股东之间的利益冲突主要体现在由控制权私有收益导致的过度投资行为和控制权成本所带来的投资不足两个方面。相关理论和研究均围绕这两种非效率投资行为展开。

（1）过度投资。

对大小股东之间利益冲突导致的过度投资行为的解释理论主要有资源控制激励假说和投资收益门槛降低假说两种理论。

资源控制激励假说认为控制性资源是控股股东攫取控制权私有收益的必要物质资源，控股股东认为的控制权私有收益既包括货币收益也包括非货币收益，与前面提到的经理的心理和动机相似，控制更大规模的企业往往可以为控股股东带来更大的精神愉悦和声誉价值等非货币收益，这将导致企业规模的非最优化增长。对控股股东而言，更大规模的控制性资源的获取，不仅是其获取控制权私有收益的重要物质前提，而且本身也是控制权私有收益的组成部分之一，资源控制激励将导致过度投资行为的产生。

投资收益门槛降低假说认为，控股股东可以接受的最低投资收益门槛值包含其控制权私有收益部分，这个最低投资收益门槛值就会低于以全体股东利益最大化为决策目标的最低投资收益门槛值（因为后者不包含控制权私有收益），因此，从企业价值或中小股东收益最大化角度认为的净现值为负的投资项目对控股股东而言却是有利可图、可带来控制权私有收益的项目，从而导致企业的过度投资行为。吴学平和王征（Xueping Wu & Zheng Wang，2005）通过构建两阶段模型发现：由于控股股东将本应和其他中小股东共享的部分投资收益转移作为自己独享的控制权私有收益，从而降低了控股股东可以接受的投资收益率临界值，因此产生过度投资行为；但当控股股东的股权比例不断增加时，过度投资现象将减轻，但是有可能加剧企业的投资不足行为。

（2）投资不足。

对大小股东之间利益冲突导致的投资不足行为的解释理论主要有风险容忍假说和控制权维持假说两种理论。

风险容忍假说认为，企业控股股东为了获得企业控制权，其持股比例通常较高，虽然这可以为股东带来控制权私有收益，但根据收益与风险对应的原则，集中持股人将失去分散投资所能带来的有效规避非系统性风险的益处。

张国常（Guochang Zhang，1998）的研究发现，企业中集中持股的存在，将导致大小股东对待投资项目风险的态度有所不同，具体来说，对于小股东来说，只要项目的净现值为正，由于风险可以分散，即使是风险较大的项目也可以实施，但对控股股东而言，由于集中持股导致风险不能有效分散，因此会放弃风险较大的净现值为正的项目，从而产生企业投资不足行为，这也就是说集中持股会导致企业风险容忍度的降低。

控制权维持假说认为，拥有企业控制权地位的控股股东出于维持未来继续拥有对企业的控制权，因此在进行融资决策时会放弃某些外部股权融资机会，这会导致企业中净现值为正的投资项目由于本不应有的资金缺乏问题而无法得到实施，由此产生投资不足行为。

克雷西和奥洛夫松（Cressy & Olofsson，1997）的研究认为，为获取未来潜在的控制权私有收益，维持公司的控制权将是控股股东制定企业战略时的重要考虑因素之一。由于股权融资会导致控股股东的控制权被稀释，甚至丧失控制权，因此控股股东将有动机尽量避免股权融资，这可能会给某些企业带来融资困难。菲拉托切夫（Filatotchev，2007）等学者的研究认为，企业在进行外部融资时，维持企业的控制权地位是控股股东的首要考虑因素，尤其是当其股权比例接近法定控制比例 50% 时，由此导致企业的所有权集中度与外部股权融资之间呈现倒"U"形的关系。这也就是说，控股股东为了维持控制权地位，可能放弃外部融资机会，由此导致投资不足行为的出现。他们的实证研究也证明，对大股东持股比例处于 25% ~49% 的企业，盈利能力较好的企业倾向于内部融资，而最大股东为机构投资者的企业则倾向于获得银行贷款。伊丽莎白·米勒（Elisabeth Müller，2005）基于英国企业 1997~2001 年的实证研究也发现，控制权丧失可能性与股权融资规模之间呈现负相关关系，并与企业的资产负债率正相关，这是因为控股股东为了维持控制权而放弃股权融资，将导致企业更加依赖于债务融资方式，过度的债务融资将增加企业破产的可能性，出于对风险的规避，企业的债务融资规模可能小于最优债务融资规模，导致企业投资不足行为的出现；而债务融资成本的上升，将提高控股股东可接受的投资收益"门槛"，这会进一步加剧企业的投资不足行为。以上的研究也进一步证实了控股股东利用融资决策维持控制权地位的现实性。

控股股东攫取控制权私有收益的行为，不仅有损其他股东和利益相关者的权益，而且有损企业价值最大化目标的实现。这也意味着控股股东与众多小股东之间存在着代理冲突，控股股东的利益并不完全等同于其他小股东的利益。研究表明，大股东控制虽然可以减少股东与经理之间的代理成本，但大股东也很可能出现为牟取私有收益而扭曲公司的投资行为。现有理论表明，在股权集中的情况下，企业的主要代理问题将不再是股东与经理之间的冲突，而是大小股东之间的利益冲突，尤其是当资本市场缺乏对小股东有效的保护机制而不能约束大股东行为时，存在于大股东与小股东之间的代理问题就更为严重，这种利益冲突会造成企业资源配置效率的低下，导致或加剧企业过度投资或投资不足这两种非效率投资行为。

2.1.2 基于信息不对称的企业非效率投资理论

2.1.2.1 不完全信息的基本理论

投资决策是企业最重要的财务决策，要实现理性的、有效率的投资决策首先必须明确决策所依据的标准或决策要达到的目标。根据现代财务管理理论，企业的投资决策和行为应该按照净现值法选择投资回报率最大的项目以实现企业或股东价值最大化，目前这一标准的科学性和合理性已经得到了理论界的一致公认。按照这一原则，企业在进行投资决策时对项目进行取舍的唯一判断标准就是净现值的大小（单个项目的净现值大于0或多个项目比较只能排他性选择时选择净现值最大者），而与实现该项投资所需要的资金来源（即融资方式和渠道）没有关系，这也与基于严格假设条件的MM理论认为的企业的投资决策与资金的来源无关相一致。但在现实经济活动过程中这种理想情况是不可能存在的，各种"不完美的市场因素"将会对企业的投资决策造成不可忽视的重大影响，例如，2.1.1小节中的文献回顾已经介绍了由于委托代理问题的存在对企业投资决策可能造成的各种影响，此外，由于在现实经济活动中的各种信息是不完全的，这一问题也会导致不对称信息下企业的投资决策将偏离净现值法则，导致企业非效率投资行为的发生。

早在1970年，后来的诺贝尔经济学奖获得者阿克洛夫（Akerlof）通过对旧车市场的研究发表了《柠檬市场：质量不确定性与市场机制》一文，首次提出了信息不对称理论，这也成为信息经济学的研究起点，经过几十年的发展，信息经济学理论已经被广泛用来分析微观经济学研究领域涉及的各种问题。根据信息经济学理论，不完全信息包括广义的不完全信息和狭义的不完全信息。广义的不完全信息是指由于对客观世界认知能力局限导致人们无法掌握事物的所有（完全）信息。狭义的不完全信息主要是指在现实中广泛存在着信息不对称。所谓信息不对称是指在某种交易关系中一方拥有而另一方所没有信息的情况。按当事人签约时间不同，信息不对称可分为事前不对称信息和事后不对称信息两类。其中，事前不对称信息会导致逆向选择，事后不对称信息则会导致道德风险。出现这两类现象的原因在于不对称信息的存在使具有信息优势的一方可以利用掌握到的信息为自己牟求私利。

2.1.2.2　不完全信息理论下的企业非效率投资行为

依据广义的不完全信息理论，企业内部对于投资项目的收益、风险和后果是无法完全准确评估和预测的，虽然这也会造成企业的非效率投资行为，但学术界研究的重点还是在于狭义的不完全信息对企业投资决策的影响。信息不对称在现实世界中是普遍存在的，在企业实践中，信息不对称反映在投资决策领域的影响主要体现在两个方面：一方面，股东与经营者之间存在的信息不对称从一定程度上来说加剧了两者之间的委托代理冲突；另一方面，由于企业内部管理决策层与外部投资者之间的信息不对称影响到企业的融资方式，这两方面均会对企业的投资决策造成影响。2.1.1 小节已经对股东与经理之间由于委托代理冲突导致的企业非效率投资理论进行了介绍，信息不对称的存在只是加剧了两者之间的利益冲突并使经理的非效率投资行为不易被股东察觉，所以本书以下的文献回顾主要围绕由于企业内部管理决策层与外部投资者之间的信息不对称对企业投资行为造成的影响展开。

虽然企业的投资决策和融资决策对于企业而言均是非常重要的财务决策，但在早期的公司财务理论中基本没有考虑融资对企业投资决策的影响，著名的 MM 理论也认为在完全资本市场上，企业的投资决策与融资政策无关，但是该结论是在完全资本市场的前提假设之下得出的，并不符合实际的企业情况。目前信息经济学的研究成果表明企业内部管理决策层与外部投资者之间的信息不对称将通过影响企业投资决策所需资金的资本成本来影响企业的投资决策，在这一研究领域中比较有影响的理论是"融资约束假说"，该假说认为，由于企业内部经营管理者与外部投资者之间存在企业经营和投资项目的信息不对称，这将导致企业内外部融资成本之间存在差异，即使同为外部融资，债务融资的成本要低于股权融资成本，资金来源成本的限制使在企业中本来净现值为正的项目有可能无法实施，从而造成企业的投资不足行为。进一步的研究还表明企业投资的融资约束程度取决于企业与资金供给者之间的信息不对称程度。

贾菲和拉塞尔（Jaffee & Russel，1976）在分析债务融资中的逆向选择问题时发现，由于企业内部的经营决策者和潜在的外部债权人之间存在着对企业的经营和投资项目方面的信息不对称，当潜在的外部债权人意识到由于这种信息不对称而导致自身需要承受较大的风险时会向企业要求较高的资金回报率，企业由于资金成本的提高使原本净现值大于 0 的项目的变为净现值小于 0，于是就导致了投资不足行为的发生，迈尔斯（Myers，1977）的研究也证明了这一观点。迈尔斯（Myers，1984）在探讨了不对称信息对投资决策和融资决策的影响之后认为，由于股权融资中的逆向选择问题，企业潜在的外部投资者对企业的投资项目无法进行恰当的判断，所以只愿意按照资金市场的平均价格为项目提供资金，在这种情况下，某些优质企业的价值可能被低估，而某些劣质企业的价值被高估，于是价值被低估的企业就无法获得充足的资金，恰恰相反，价值被高估的企业能得到比较充足的资金，因此前者容易出现投资不足行为，而后者容易出现过度投资行为。海因克尔和策希纳（Heinkel & Zechner，1990）的研究进一步验证了迈尔斯与麦基里夫（Majluf）的理论中价值被高估企业可能发生过度投资行为，这是因为企业可以从被高估的股票中获利，这些收益可以弥补企业实施净现值小于 0 的投资项目所造成的损失。斯塔茨（Stulz，1988）在研究企业最优资本结构时发现，虽然采用债务融资能减少企业内部管理层由于相机决策导致的代理成本，但是债务融资对企业投资效率的负面影响在于高负债率的企业往往更容易出现财务困难而错失投资机会，形成企业的投资不足行为。斯塔茨（1990）的后续研究指出，负债和投资之间存在负相关关系，当公司具有较多的自由现金流量和较少投资机会时，过度投资问题会加剧，但是发行负债可以使过度投资问题得到缓解。别布丘克和拉斯·斯托尔（Bebchuk & Lars Stole，1993）的研究认为，由于企业内部决策层与外部投资者之间存在对企业经营和投资项目的信息不对称，如果企业的外部投资者不能合理评估项目的最佳投资水平，那么内部经理层就会过度投资短期项目而造成长期项目投资不足；如果企业外部投资者不能合理评估投资项目的收益水平，则内部经理层就会倾向于对长期项目进行过度投资①。

鉴于支持"自由现金流假说"与支持"融资约束假说"的各种理论和实证研究之间存在种种矛盾，斯坦（2003）在总结后认为，投资不足和过度投资或者自由现金流理论与融资约束假说并不是互相排斥的，其研究模型验证了企业在某些情形下产生事后的过度投资，而在另一些情形下产生事后的投资不足。在这之后，格雷纳德尔和王（Grenadier & Wang，2005）使用信息不对称理论解释了经理的急速投资和延迟投资问题。霍普和托马斯（Hope & Thomas，2008）在研究会计信息披露与企业过度投资的关系时发现，相对于没有披露国外分公司盈余信息的跨国公司而言，披露了国外分公司盈余信息的跨国公司其过度投资行为更少，该研究也从不同角度验证了企业内部经营管理者与外部投资者之间的信息不对称会导致企业非效率投资行为的产生。

2.1.3　基于行为金融的企业非效率投资理论

20 世纪 80 年代学术界开始研究不确定性条件下的企业投资行为。例如，理性预期学派的 Lucas 将人的理性和外部环境的不确定性因素引入对企业投资行为的分析之中。在企业实践中，对投资报酬的概率分布只是一种主观判断和推测，并且决策者所拥有的关于投资报酬的概率分布的知识也是主观而非客观的。默顿（Merton，1990）就曾经明确指出"投资者所拥有的关于投资报酬的概率分布

---

① 在这种情况下，很有可能是多种非效率投资行为夹杂在一起。

知识是主观的概率分布，是不确定性决策。"早在 1923 年的霍桑实验已经证明了员工的心理因素比外部环境更有可能影响生产效率。在这之后包括社会学、人类学、生理学和心理学在内的行为科学的研究成果已经证明，人的动机、认知、心理感受等主观因素和外部环境等客观因素均会影响人们的行为，产生非预期的结果。这些因素同样会对经理的投资决策造成影响。此外，人们存在认知和知觉偏差（如晕轮效应）也不可能以完全理性的态度进行决策，体现在投资决策领域就是会出现非理性的结果。著名的心理学家所罗门·阿施（Solomon Asch）的"长短线判断实验"已经充分反映了"人们在决策时具有强烈的受群体成员行为和信息传导的影响而做出错误决策"的倾向。

随着信息经济学和行为科学的发展，财务学界逐渐将委托代理理论、现代心理学理论、不对称信息下的决策理论、公司治理理论融合到财务管理理论之中，研究在更为复杂的情况下决策者进行投资判断和决策行为的过程，最有代表性的理论就是 20 世纪 90 年代开始迅速发展起来的行为金融理论。该理论认为，现实中投资决策者是带有各种认知偏差、情绪波动与独立意志的个体，其心理因素是影响投资决策和资产定价的重要因素。如果说信息经济学理论是拓展了对公司投资行为的研究工具和手段，那么行为金融理论的核心是深入研究被传统金融理论所忽略的投资者行为的决策"黑箱"。

在前人研究的基础上，贝克（Baker，2004）等将行为因素对公司金融的影响划分为管理者非理性和投资者非理性两个方向。前者假定投资者理性，着重强调管理者非理性，研究管理决策偏差对公司投资行为的影响；后者假定管理者理性，着重强调投资者非理性，将投资决策看作是公司管理者对于资本市场错误定价的理性反应。由于管理者非理性特征难以被观察界定，因此目前的研究成果和重点主要围绕"投资者非理性"角度展开。但根据本书的研究目的和重点，应该是将文献回顾的重点集中在"管理者非理性"的角度。从管理者理性的角度看，科学的投资决策要求决策者能对投资所产生的未来现金流、风险和收益做出准确无偏的估计，行为金融中的

"管理者非理性"理论认为，管理者投资决策是一个心理过程，管理者能力的有限性也决定了决策并不一定能达到理性，同时管理者存在的各种各样的认知偏差使其高估或低估未来的现金流和风险，从而影响企业的投资行为。因此，国外学者从非理性的角度对投资决策者的非理性对企业投资行为的影响做了研究。

罗尔（Roll，1986）的研究发现企业决策者的过度自信是企业并购失败的主要原因，这说明投资者的非理性行为会对企业的投资造成重要影响。在行为金融理论上，席勒（Shiller，1990）与奥丁（Odean，1998）揭示出投资行为具有非理性特征，认为"投资行为总会面临各种各样的修正与调整"。丹尼尔、赫什弗和苏布拉马尼亚姆（Daniel，Hirsheifer & Subrahamanyam，1998）认为，投资者的过度自信（过于相信自己能力和高估成功机会）会对投资行为造成偏差。在研究低效率投资决策中，弗鲁特（Froot）、沙尔夫斯泰因和斯坦（1992）研究投机时间序列与公司经理投资决策行为之间的关系之后推测认为，在一个经理控制着的公司中，目光短浅的投机会导致经理对长期项目过低投资。这些研究得到的基本观点有：资本市场并不总是有效的；决策者并非总是理性的，现实中的诸多认知偏差会使实际决策系统偏离传统财务理论的最优设计；经理不是风险厌恶而是损失厌恶的，由于决策者个性的不同导致其对待风险的态度和行为方式也不完全一样；由于有限理性约束和信息的不对称，决策者既不可能获得决策必需的所有信息，也不能迅速进行复杂判断，而是采用启发式的认知方式做出投资决策。

管理者过度乐观和自信对公司投资行为影响的研究比较一致的结论是：管理者过度乐观和自信往往高估投资收益，更容易投资高风险或净现值为负的项目。罗尔（1986）提出了"自以为是假说"（hubris hypothesis）来解释并购中收购方出价偏高的现象，这也是管理者过度乐观和自信在企业投资行为中的体现。希顿（Heaton，2002）在研究"自由现金流假说"时开创性地引入了管理者过度自信作为假设变量，研究认为由于管理者对投资项目的收益过度乐观，即使出于股东财富最大化的决策目标，其投资决策也可能是投资不足或过度投资，究竟是前者还是后者取决于管理者的自信程度和企业能获得的有利投资机会大小两个变量的对比。奥丁（2002）在比较了过度自信或乐观的管理者与理性管理者的投资决策之后的研究结果发现，管理者由于过度自信（过于乐观）倾向于较早地接受并从事项目，而理性管理者由于厌恶风险则倾向于推迟接受项目。贝克、斯坦和武格勒（Wurgler）（2003）的实证研究表明，投资水平与股价之间存在正向关系，而且股权融资依赖程度越高，企业投资对股价波动就越敏感，这也首次为美国资本市场投资者情绪影响企业投资行为的股权融资渠道提供了经验证据。延续希顿（2002）的理论，马尔门迪尔和杰弗里（Malmendier & Geoffrey, 2005）进行实证检验的结果认为：管理者的过度自信程度越大，投资与现金流之间的敏感性就越高，这也表明在现金流充足的情况下，管理者的过度自信心理会造成企业的过度投资行为；而在现金流缺乏的情况下，又会造成投资不足行为。马尔门迪尔和塔特（2005）的研究证实，过度自信的管理者进行的并购活动比理性的管理者频繁，特别是公司现金充裕或并购并不能创造价值时。

沉没成本（suck cost）是指由于过去决策已经发生了的，而不能由现在或将来的任何决策改变的成本，很明显理性的投资决策应该排除沉没成本的干扰，但是研究发现即使是经验丰富的经理人也很难避免由于沉没成本造成的决策失误。阿克斯和布卢默尔（Arkes & Blumer, 1985）的研究表明，当项目发生实际亏损之后，决策者很可能由于厌恶浪费资源而倾向风险偏好以避免确定的损失，会不愿意终止甚至继续增资该项目，导致非效率投资行为的出现，这一现象也被称为"沉没成本效应"。

总体来说，国外学术界对企业非效率投资行为的研究时间较长，已经形成了比较完善的研究理论和体系。从研究方法和角度来说，已经从最早的股东财富最大化的研究假设拓展到使用委托代理理论、信息不对称理论和行为金融等理论分析在各种情况下对企业投资行为造成的影响。从研究范围和广度上来说，已经从最早的单纯净现值法判断延伸到对整个投资决策流程、决策者心理和融资约束等相关影响因素的研究。从研究内容上来说，已经从最早的过度投资、投资不足两种非效率投资行为逐渐扩展到包括投资短视、"敲竹杠"长期投资行为、多元化折价投资和多种非效率投资行为夹杂在一起的更加全面的综合性研究。在这一研究过程中，已经形成了多种比较有影响的理论并得到了实证检验，相比之下，国内对企业非效率投资行为的理论研究起步要晚于国外，目前的研究主要集中在非效率投资类型的实证检验和各种理论在国内制度背景下的检验和验证上。

2.1.4　国内相关文献综述

我国目前正处于市场经济发展的初级阶段，属于新兴的工业化市场，国内经济和资本市场一直保持着高速发展的势态，但是相关市场制度却存在着不完善和不规范的特征，这些特征也决定了我国企业投资行为中的非效率投资行为非常突出。例如，郑玲（2008）的研究认为在我国 2002～2003 年多数行业中都有 30% 左右的上市公司存在过度投资行为；崔萍（2006）的研究则认为，1999～2004年，我国上市公司普遍存在投资不足而非过度投资问题；梅丹和周松（2005）的实证研究结果证明了我国上市公司投资短视行为的存在。虽然多位学者的研究结论有很大差别，但都证明了我国上市公司非效率投资行为的普遍存在。尽管国外对非效率投资行为产生原因的理论研究相对成熟和完善，但由于国外资本市场与我国制度背景现状的差距很大，因此这些理论能否用来解释我国企业资金使用效率问题还需要国内学者的深入研究。2000 年之前，国内学者对企业投资活动的研究基本上是对问题的描述性分析或政策建议，2000年之后国内学者开始使用委托代理理论和信息不对称等理论来分析我国企业的投资效率特征。

2.1.4.1　以委托代理理论为主线

（1）基于股东与经理之间代理冲突的研究。

在以委托代理理论为基础的分析中，有学者认为我国上市公司现有治理结构环境下，严重的"所有者缺位"现象导致对企业内部管理者缺乏有效监督和约束，因此经营管理者追求自身利益最大化和成本最小化是导致我国上市公司股权融资资金配置效率低下的根本原因。叶生明（2006）在委托代理理论框架下对企业投资行为进行分析后的结论认为：国有企业和非国有企业的委托代理问题对其投资决策都会产生影响，非国有企业由于存在委托代理问题，股东受经理人的影响可能放弃一些净现值非负的投资项目，导致投资不足；而国有企业由于投资目标的双重性，重视企业规模的扩张，容易产生过度投资。

在使用股东与经理之间的代理冲突解释企业非效率投资行为的理论中最具代表性的是詹森（1986）的"自由现金流假说"，该假说较好地解释了股东与经理之间的代理冲突是如何导致企业过度投资行为的发生。国内众多学者也从该假说出发，在基于投资—现金流敏感性的基础上对我国企业的投资行为进行了实证研究。冯巍（1999）的实证研究发现股利支付率低的公司，其投资对企业内部现金流更为敏感。何金耿和丁加华（2001）以1999~2000年397家沪市上市公司为研究样本，对我国企业内部现金流与投资之间敏感度的关系进行了检验，研究结果支持自由现金流量假说。张翼和李辰（2005）以1998~2001年上市公司的投资—现金流敏感性进行实证分析，结果发现，在地方政府或一般国企控制的公司，随着第一大股东持股比例的增加，投资对现金流的敏感性下降，支持了过度投资与自由现金流假说；而在中央部委、境内非国有实体和自然人最终控制的公司，没有发现过度投资与自由现金流问题。张中华和王治（2006）根据西方有关研究以及中国现实的经济体制背景，在一个综合模型框架下分析了内部现金流对企业投资行为的影响，并利用我国上市公司的财务数据，实证检验了这种影响，其研究结果表明，除特殊情形外，根据企业的不同特征，无论是投资不足还是过度投资，企业投资对现金流都是敏感的，相对投资不足行为，国有控股企业的过度投资行为更为显著，而非国有控股企业的这两种行为均较为显著。

除了以上研究成果，还有多位学者使用"管理防御假说"分析企业的非效率投资行为，本书 2.2.2 小节将对该问题进行专题文献回顾。

（2）基于大小股东之间代理冲突的研究。

刘朝晖（2002）的研究指出，企业控股股东通过自身与上市公司之间的关联交易进行外部套利的行为动机来自实现自身利益最大化，控股股东对外部收益的追求将导致上市公司的非效率投资行为。李增泉等（2004）以我国 A 股上市公司 2000～2003 年的关联交易数据为基础，对所有权结构与控股股东的掏空（tunneling）行为之间的关系进行了实证分析，结果表明，控股股东占用的上市公司资金与第一大股东持股比例之间存在先上升后下降的非线性关系，但与其他股东的持股比例则表现出严格的负相关关系，另外控股股东的控制方式以及产权性质也对其资金占用行为具有重要影响。张祥建等（2005）以 1998～2002 年间的配股公司为样本，分别从投资效率、大股东资源侵占和非公平关联交易的价值效应 3 个方面考察了大股东的掠夺行为，结果表明股权再融资之后大股东通过各种"隧道行为"侵害了中小股东的利益，从而形成中国上市公司特殊的股权再融资特征。何源等（2007）建立了一个负债融资对大股东过度投资行为的相机治理模型，试图探讨负债融资对大股东控制公司投资行为的影响机制，其研究结果发现：控股股东持股比例越高，因牟取私有收益而导致过度投资的趋势就越弱；负债融资能抑制控股股东的过度投资行为，尤其是来自控股股东具有很强谈判能力的债权人的融资，从而有效保护中小股东的利益。

从研究内容来看，国内理论界对大小股东之间代理冲突导致的企业非效率投资行为的研究均伴随着企业所有权结构、融资约束和资本结构等相关理论的研究，单纯从大小股东之间代理冲突导致的企业非效率投资行为的研究相对较少。

2.1.4.2　以信息不对称理论为主线

何金耿（2002）的研究表明，对于法人控股公司而言，投资决策追随于项目的未来收益现值，信息失真和股市投机是公司投资行为扭曲、融资行为扭曲的重要原因。潘敏和金岩（2003）的分析结果表明，即使不考虑信息不对称因素，我国上市企业同股不同权、流通股比例偏低的股权制度安排也会导致股权融资下的过度投资行为发生；在同时考虑信息不对称和我国上市企业特殊股权制度安排的情况下，与仅考虑信息不对称因素的成熟证券市场上同股同权企业股权融资下的投资行为相比，我国上市企业股权融资下过度投资发生的可能性要大得多。

魏锋和刘星（2004）以我国制造业上市公司 1998～2002 年的数据为研究对象，深入研究了融资约束、不确定性和公司投资行为之间的内在联系，研究结果表明，我国上市公司存在融资约束状况，而且融资约束与公司投资—现金流敏感性之间呈显著正相关；公司特有不确定性与公司投资呈显著正相关，总体不确定性与公司投资之间呈正相关，市场不确定性与公司投资之间呈负相关；融资约束在一定程度上减轻了不确定性对公司投资的影响。

欧阳凌、欧阳令南和周红霞（2005）针对股权分置和股权全流通的制度安排，在不同信息状态下研究了企业的投资行为，研究表明，当信息对称时，股权全流通制度下企业投资行为达到最优，股权分置制度下国有资产的高折算溢价使企业存在过度投资行为；当信息不对称时，股权分置制度下低质量企业表现出更多过度投资行为，高质量企业表现出更多投资不足行为。童盼和支晓强（2005）运用蒙特卡罗模拟法考察我国上市公司股东—债权人利益冲突对企业投资行为的影响，模拟结果表明，在股权价值最大化的目标下，典型企业会放弃现金流固定的无风险项目，但随着项目风险的增加，企业放弃的项目越来越少，当项目风险足够大时，企业甚至会接受一些净现值为负的项目，此外资产负债率、企业所得税率等因素都会影响股东—债权人利益冲突引起的投资行为。童盼和陆正飞（2005）以我国上市公司为研究对象，考察负债融资及负债来源对企业投资行为的影响，实证结果表明，负债比例越高的企业，企业投资规模越小，且两者之间的相关程度受新增投资项目风险与投资新项目前企业风险大小关系的影响——低项目风险企业比高项目风险企业，投资额随负债比例上升而下降得更快。

陆正飞、韩霞和常琦（2006）以中国上市公司为研究对象考察长期负债对企业投资的影响，研究发现：新增长期负债作为一种资金来源与新增投资正相关；企业综合财务风险越低，新增投资越多。当过多负债导致企业承担巨大财务风险时，企业的投资能力显著削弱；新增长期负债中的银行贷款与公司债券作为支持投资的资金来源相互间并不存在显著的竞争关系，长期负债中与投资相关度非常高的仅长期借款这一项目；新增长期负债的波动与投资波动正相关。辛清泉和林斌（2006）以我国 2000～2004 年的上市公司为样本，在政府、银行和企业三方的预算软约束框架内实证检验了企业投资支出和债务杠杆之间的关系，研究发现，企业投资支出整体上同债务杠杆呈负相关，但在国有绝对控股的上市公司中，企业投资支出对于负债水平不敏感，并且随着国有股权比例的上升，企业投资支出对债务杠杆的敏感度逐渐下降。饶玉蕾和汪玉英（2006）以 2001～2003 年非金融性 A 股公司为样本，实证研究了大股东对公司投资的影响，并检验了这种影响的原因和作用过程，研究结果发现：①上市公司投资与现金流显著正相关；②第一大股东持股比例与投资—现金流敏感度之间呈显著负相关；③当第一大股东是国家时，负相关更加显著，当第一大股东是境内社会法人时，负相关关系不显著；④实证表明"过度投资"是中国上市公司投资的典型表现，这不仅符合"自由现金流假说"的推断，而且可以用"信息不对称理论"中"融资约束"相反的"融资便利"来加以解释。

支晓强和童盼（2007）在考察了业绩报酬敏感度对企业内部现金流与投资行为之间关系的影响后发现投资现金流敏感度不仅受到内外部信息不对称导致的融资约束的影响，而且受到了股东—经理代理问题的影响，但是信息不对称理论的解释力度相对较强。

国内学者蒋宏伟和张栋（2008）使用我国上市公司 2003～2005 年的面板数据，检验了我国上市公司自由现金流量与企业投资行为之间的关系，研究结果表明我国上市公司 2003～2005 年由于信息不对称产生的融资约束导致投资不足。郝颖和刘星（2008）对不同股权融资结果和融资规模下的公司投资行为进行了实证研究，研究结果表明，我国资本市场融资条件通过股权融资渠道对公司投资行为产生了不同程度的影响：对于未取得股权融资的公司，股票市价与企业投资水平不相关；对于取得了股权融资的公司，股票市价与企业投资水平显著正相关；股权融资的规模越小，企业投资水平对股票市价的敏感性越高；股权融资的规模越大，内部人控制下的公司投资行为倾向于越大规模的扩张。

2.1.4.3 以行为金融为主线

与国外文献回顾类似，本书主要介绍管理者非理性对公司投资行为影响的研究成果。刘星、曾宏（2002）将上市公司非理性投资行为划分为"不自量力""为所欲为""任人宰割"三类，给出相应的定义，并且认为上市公司非理性投资行为的根源在于公司治理机制的不完善。郝颖、刘星和林朝南（2005）从行为金融视角对我国上市公司高管人员过度自信的现实表现及其与企业投资决策的关系进行了理论分析和实证检验，研究表明，在实施股权激励的上市公司中，四分之一左右的高管人员具有过度自信行为特征；同适度自信行为相比，高管人员过度自信行为不仅与投资水平显著正相关，而且投资的现金流敏感性更高；过度自信高管人员投资的现金流敏感性随股权融资数量的减少而上升；在我国上市公司特有的股权安排和治理结构下，过度自信高管人员在公司投资决策中更有可能引发配置效率低下的过度投资行为。

此外，国内理论界多使用管理者非理性理论来解释企业恶性增资行为。例如，艾明晔和齐中英（2006）以"有限理性人"的认知偏差视角，从心理和组织因素方面探讨了 R&D 项目的恶性增资行为，研究发现，面对项目是否需要中止这样的复杂决策时，决策者往往会受到感情等非理性因素的影响。刘超（2004）按照决策者和企业是否理性将恶性增资分为两类：一类恶性增资是指无论对决策者个人还是对整个企业来说都是非理性的；另一类恶性增资是指对决策者个人来说是理性的，但对整个企业来说是非理性的。前一类情况下的恶性增资行为源于决策者的心理、认知偏差和行为等非理性因素，此时的增资决策对决策者个人和整个企业来说都是不利的、非理性的；而后一类恶性增资行为源于企业内部利益相关者之间的利益冲突，是决策者（管理者/大股东）以损害他人（股东/小股东）利益为代价而最大化自身利益的行为。

纵观这些研究，国内学者主要使用信息失真、信息不对称和股权制度安排、企业内部现金流、投资的融资约束、负债融资、股权融资、利益相关者之间的冲突和管理者行为特质等原因对我国企业出现的资金配置效率低下的成因和机理进行了阐释。其中，采用委托代理和信息不对称理论的研究较多，相比之下对管理者非理性对企业投资行为的研究比较少。此外，国内还有多位学者使用经理管理防御来解释企业非效率投资行为出现的原因，本书接下来将对涉及该问题的文献进行介绍。

2.2　"管理防御假说"文献综述

2.2.1　国外相关文献综述

2.2.1.1　管理防御假说的提出

詹森和梅克林（1976）在其论文中首次提出了"委托代理理论"之后，基于委托代理关系产生的委托代理理论逐渐成为现代企业理论的重要组成部分。在提出委托代理理论的同时，詹森和梅克林结合产权理论得出了经理与股东之间的利益趋同假说（convergence of interests hypothesis），该假说认为，由于股份公司的股权广泛分散，股东不能对经理层的非公司价值最大化自利行为采取抵制行动，因此经理层可以通过控制公司的资产谋取薪酬之外的额外收益（当然这种行为会损害股东利益）；但是随着经理层持股比例的增加，他们在获取额外收益损害股东利益的同时也使自身利益受到影响。因此管理层持股比例的增加有利于降低经理与股东之间由于委托代理问题形成的代理成本，促使两者的利益趋向协调一致。这也就是说，经理与股东之间的利益冲突可以通过经理人持股来解决，但是多位学者对该理论都提出了质疑，其中，比较有代表性的是法玛和詹森（1983）认为的，当经理层具有较高水平的持股比例时会减少公司股份的市场流动性，减少投资者分散化的机会，同时经理却拥有足够的投票表决权和企业影响力，这时由于职位的安全稳固使他们在经营中更加注重自身利益，即使出现非公司价值最大化的行为也不会被解聘或受到惩罚。1988年斯塔茨的模型研究预测了经理所有权与公司价值之间存在凹形关系，即随着经理所有权和控制权的增加，将对公司价值产生负面的影响，斯塔茨对这一现象的解释为，随着经理持股比例的提高，会降低公司被并购的可能性，从而使经理人不思进取，降低经理努力工作的压力，这会导致企业的价值受到不良影响。

经理管理防御假说（managerial entrenchment hypothesis）起源于这种理论背景之下有关内部人所有权与公司业绩之间关系的实证研究。默克、施莱弗和维什尼（1988）在对371家美国大型公司经理持有的股票所有权比例和公司业绩托宾Q值之间的关系进行实证分析后发现两者之间并非线性关系。具体而言，当经理持股比例低于5%或高于25%时，托宾Q值随着经理持股比例的增加而增加；但是当经理持股比例介于5%～25%时，托宾Q值随着经理持股比例的增加而降低。这说明随着经理持股比例的上升，托宾Q值呈现先升后降的趋势，经营者持股与公司绩效呈"N"型关系，由此默克、施莱弗和维什尼提出了管理防御假说以解释这一现象。该假说认为，当经理持股比例低于5%或高于25%时，经理和股东之间的利益是一致的，这点支持了詹森和梅克林认为的经理与股东之间的利益趋同假说；但当经理持股比例介于5%～25%时，随着经理持股比例的增加，股东对经理的控制将会被不断削弱，控制权地位的稳固和职

位的安全会导致经理追求自身权益而非公司价值最大化，这样必然
会导致公司价值的减损。

詹森和沃纳（Jensen & Warner，1988）的研究则表明，公司经
营者的持股比例过高，就有可能出现控制董事会，侵占其他投资者
的利益，同时经营者也不必努力工作，其支出偏好或偷懒行为也不
会受到处罚，这样就会产生对公司价值具有负面影响的"堑壕效应"
（entrenchment effect）。德姆塞茨（Demsetz，2001）则认为当经理持
股达到一定比例时，经理可以免受其他控制机制（诸如董事会监
督）的监督和约束，将自己防护起来，从而会对公司价值产生不
利影响。

从理论研究上来看，经理持股与公司绩效之间的关系存在着
"利益趋同"和"管理防御"两种完全不同的观点，实证研究方面
多数研究支持两者之间非线性相关的结论。麦康奈尔和瑟韦斯（Mc-
Connell & Servaes，1990）对经理持股比例和公司业绩托宾 Q 值之间
的回归分析发现，企业价值与经理持股比例显著正相关，因此得出
经理持股比例与企业价值之间呈现倒"U"型非线性相关的结论。
朴（Cho，1998）的研究表明，在美国当经理的持股比例介于 7% ~
38% 时，经理具有管理防御行为。库伊和马克（Cui & Mak，2002）
的实证研究结果则显示经理持股比例与企业价值之间呈现"W"型
非线性相关的结论。法里尼亚（Farinha，2003）实证研究了 1991 年
和 1996 年的英国公司股利支付率与经理层持股两者之间的关系，结
果表明，英国公司经理层持股与股利支付率之间存在"U"型关系，
当经理层持股比例达到 30% 及以上时，经理存在支付适当股利而获
取私人利益的动机，这也与管理防御假说中的预期一致，此外，法
里尼亚还认为经理层可以通过控制公司养老金计划、员工持股计划
和慈善基金等非营利性股权来进行管理防御。

虽然这些研究的结论在细节上有许多不同，但都在某种程度上
支持了管理防御假说中的"经理对职位的安全考虑会导致经理追求
自身权益而非公司价值最大化，这必然会导致公司价值的减损"的
预期。虽然也有学者的实证研究结论认为经营者持股与公司绩效正

相关，支持"利益趋同假说"，但是更多的研究成果支持了管理防御假说的基本观点。

2.2.1.2 经理管理防御与企业投资行为研究

自默克、施莱弗和维什尼提出了管理防御假说之后，多位学者意识到以往关于公司代理问题的研究都假设公司财务政策目标是基于股东财富最大化已经不符合实际情况，因此诺瓦伊斯和津加莱斯（Novaes & Zingales，1995）、茨魏贝尔（Zweibel，1996）和诺瓦伊斯（2000）等学者逐步将管理防御引入对公司财务决策的研究中，他们认为有管理防御行为的经理会基于自身利益考虑来决定公司的财务政策。经理管理防御对公司财务政策影响的研究主要是揭示了具有管理防御动机的经理在投资、融资和股利决策时出现的各种防御行为及原因。经理管理防御行为会造成公司价值的减损，在现实中其表现会是多种多样，例如，经理会采取使收益平均化的措施避免各期收益差距过大；出于管理防御的目的经理更有可能采取员工高薪策略；运用分类董事会（classified boards）抵制敌意收购；等等。根据本书的研究目的，这里只介绍经理管理防御对企业投资决策和行为造成的影响等文献内容①。

根据詹森和梅克林（1976）的研究，股东与经理之间存在着的利益冲突反映在企业投资领域就是各种非效率投资行为。目前国外对五种非效率投资与经理管理防御动机和行为之间关系的研究成果主要有：

（1）过度投资。

早在"自由现金流假说"提出之前，威廉森（Williamson，1964）的研究就发现，由于管理者所享受的在职利益与企业规模成正比，而且企业规模扩张越大，管理者所获得的晋升机会就会越多。

---

① 由于和委托代理理论中股东与经理之间代理冲突导致的非效率投资行为有很多的文献重合，因此这里只做简要介绍，重合部分不再赘述，详细内容可参见本章2.1.1小节股东与经理代理冲突下的企业非效率投资行为。

因此，企业内部的管理层通常具有扩张企业投资规模，进行过度投资行为的动机。墨菲（Murphy，1985）认为经理存在使企业的发展超出理想规模的内在激励（帝国建造倾向），通过不断的投资新项目，经理拥有更多可以控制的资源。此后詹森（1986）提出了"自由现金流假说"，揭示了股东与经理之间的代理冲突导致企业过度投资行为的原理，这也使得理论界开始注意到两者之间的代理冲突对企业投资行为的影响。这之后，施莱弗和维什尼（1989）认为，管理层为了获得更多的职业保障，将有可能通过扩大公司规模进而提高公司对其依赖的程度，这使自身的替换被公司认为付出的成本太大而降低被替换的可能性。布朗夏尔等（1993）发现某些公司的管理者实施了有损公司价值但有利于个人利益的投资行为，由此证明了经理的自利心理会导致企业的过度投资行为。科尼和墨菲（Conyon & Murphy，2000）则验证了企业管理者的收益是企业规模的增函数，规模较大企业的管理者在货币及非货币收益上都远高于规模小的企业管理者。阿贝·德容和克里斯·费尔德（Abe de Jong & Chris Veld，2001）以荷兰上市公司为研究对象分析管理防御下的融资资本决策后的研究结果表明，具有管理防御动机的经理存在过度投资的倾向。伯川德等（Bertrand et al.，2002）认为经理人为了平静的生活可能产生过度投资和投资不足。

（2）投资不足。

根据詹森和梅克林（1976）的研究，股东与经理之间存在的利益冲突主要体现在管理层对待项目风险的态度和处理方式可能与股东不同。

投资项目的净现值大于零意味着该项目在承受正常的市场和经营风险的前提下是可以盈利的，作为股东，应当是接受该项目进行投资，但是相比股东的风险态度而言，经理作为经营者的风险态度则是更加偏向于风险厌恶的。这是因为项目一旦失败对经理造成的影响比股东要大得多，具体而言，如果企业因经营等方面的原因破产时，经理不仅会失去职位和工作，而且会造成名誉的损失和社会地位的下降等非货币方面的损失，当然还有更直接的福利和货币损失等。因此经理的这种风险厌恶态度将有可能使其在投资决策时选择低风险的投资项目，而放弃对股东来讲可能有利的投资项目，从而导致投资不足的发生。

（3）投资短视与"敲竹杠"长期投资行为。

当企业存在净现值均为正的长期投资与短期投资两个项目，由于受到资金限制只能选择其中一个时，基于股东利益和企业价值最大化的考虑应该选择净现值较大的项目而不考虑项目的期限长短，但是经理出于自身利益的考虑其选择往往体现自身利益最大化出现"敲竹杠"的长期投资行为或投资短视行为。对这两种非效率投资行为的研究通常联系在一起。

根据前面2.1.1小节"股东与经理代理冲突下的企业非效率投资行为"的文献回顾，学术界认为投资短视的潜在原因是管理层的职业考虑，即经理人不仅关心本期的收入，更关心未来是否会被留任。经理在长短期项目决策时考虑更多的是职位固守或市场声誉评价，并以此为依据选择对自身最有利的投资项目，如果这时经理选择了较低净现值的项目就出现了"敲竹杠"的长期投资行为或投资短视行为。

（4）多元化折价投资。

多元化投资通常是企业分散经营风险的重要策略，然而由于经理管理防御动机和行为的存在可能使经理所采取的多元化投资行为并不符合股东利益最大化原则。经理人不能有效地分散自己的人力资本雇佣风险，因此，他们通过企业的多元化扩张来降低企业风险以减少企业经营失败的可能性，同时也增加了自己工作的安全性，从而给其专用性人力资本增加了保险系数。

詹森（1986）、斯塔茨（1990）等认为通过多元化投资，经理能获得额外的私人收益，包括多元化投资产生的个人威望、权力、地位和在职消费的提高以及多元化经营带来的更加具有适应性的职业背景都使经理更容易寻找到其他合适的高级管理职位。罗斯和谢泼德（Ross & Shepard，1997）认为经理多元化投资有利于提高股东对其显性报酬的支付；施莱弗和维什尼（1989）认为经理通过多元化投资能巩固自己的职位，使股东很难轻易替换他们，这也是产生使企业价值减少的"多元化折价"现象的一个重要原因。丹尼斯和萨林（Denis & Sarin，1997）的研究认为经理会出于对职业安全和薪酬方面的考虑，通常会偏好多元化投资，即使这种多元化投资行为会损害企业的价值，同时实行多元化经营的企业存在内部资本市场也能为经理提供更多远离外部市场监管的资金。

综上所述，在经理持股对企业价值造成的影响方面的研究中，虽然国外的理论界一直存在着"利益趋同假说"和"管理防御假说"两种立场完全不同的争论，但是在财务决策的相关研究领域中，更多的理论和实证研究已经表明经理管理防御是公司包括投资决策在内的财务决策的首要影响因素。

2.2.2　国内相关文献综述

国内对经理管理防御的研究起步比较晚，主要的研究领域还是集中在管理防御对公司财务决策的影响方面。与前面类似，根据本书的研究目的，这里主要介绍经理管理防御与企业投资行为相关的文献内容。

2.2.2.1　经理管理防御与企业投资行为

1996～1998 年，詹家昌、刘维琪和吴钦杉分别使用博弈论，从理论上解释了经理人职位固守与盈余管理、投资决策和融资决策的关系。洪兴立（2004）在总结公司经营中一些具体的经理管理防御行为表现时提到的一种管理防御行为表现就是进行专属性投资。进行专属性投资是指经理会尽量将投资决策集中在与本身专长相关的领域上，以拉开自己与公司其他经营人员的能力差距而且使自己被股东寻找其他合适的候选者替换的可能性变小。

袁春生、杨淑娥（2006）的研究认为以总经理或总裁为首的高层经营管理者维护和巩固控制权地位的防御动机是导致企业过度投资、投资不足、"敲竹杠"投资、投资短视等非效率投资行为的深层次原因。此后袁春生、杨淑娥（2008）进一步从人力资本专用性和专有性的角度对经理管理防御的动因和策略进行了研究，并通过建立数理模型进一步分析了管理防御的经济后果，其分析结果表明，专属性投资等管理防御策略的采取，经理实现其人力资本专有性的具体过程，这将导致公司产生过度投资。研究者认为，由于经理的人力资本专用性只针对特定的企业组织，因此经理为了防止自身这种专用性人力资本在离职时遭到贬损从而有动机采取管理防御，同时管理防御也是经理实现自身人力资本专有化、提高股东解雇成本的具体过程。经理通过实施专属性投资，能使他们比潜在的候选者对股东而言更具有价值，从而降低被替代的威胁，而且人力资本专有性也将增加经理与股东讨价还价的谈判能力，这也进一步增加了经理获得更高报酬和福利的可能性。对公司来说，经理的专属性投资很可能导致企业产生过度投资的非效率投资行为。

李秉祥、薛思珊（2008）在一定的假设前提条件下，利用二期信号博弈模型对经理的投资短视行为进行分析，结果表明，具有管理防御行为的经理人都偏好决策实施短期项目，因为短期项目的回报快，股东能迅速对其能力做出判断。在该研究中，研究者将经理划分为三种类型：有能力高择业成本型、有能力低择业成本型和无能力高择业成本型，研究结果发现无能力高择业成本和有能力高择业成本两种类型经理人在项目决策上管理防御性更强，而有能力低择业成本类型经理人则弱一些，这是由于前两种类型经理人的转换工作成本高，决策实施短期项目对他们的好处更多，加上股东的信息不对称，防御行为能改善自己在经理人市场上的认知度，减少被公司开除的危险，还可以享受在职利益。而有能力低择业成本类型经理人的转换工作成本较低，他可以选择长期项目也可以选择短期项目，但他更偏好短期项目，因为短期项目实施容易，且提高其收益更快。

张海龙和李秉祥（2010）以2003~2007年制造业上市公司为研究样本，通过构建经理管理防御指数，在Richardson投资期望模型的基础上，采用建立虚拟变量的研究方法，对上市公司过度投资行为与经理人管理防御行为的关系及其制约机制进行了研究，研究发现：①上市公司的过度投资行为与经理的管理防御具有显著的正相关关系；②具有防御动机的经理的过度投资行为对融资活动产生的现金流量更加敏感；③经理持股、派发现金股利均有助于制约其过度投资行为，负债对经理过度投资行为的制约作用效果不显著。

2.2.2.2　对经理管理防御假说的检验与理论发展

管理防御假说最早起源于有关内部人所有权与公司业绩之间关系的研究，在我国考虑到国有资产流失的问题，因此管理层收购行为一直被禁止，直到 2006 年出台了《上市公司经营者股权激励试行办法》和《国有控股上市公司（境内）实施股权激励试行办法》才最终确定了对经营者实施股权激励机制的"合法"地位，虽然许多企业从 2006 年开始进行积极的实践探索，但研究中可取得的经理持股比例的资料还比较少，而且由于实行内部经理人持股的企业比较少，在某些企业经理即使持股比例也比较低的特点，国内对经理持股与公司业绩之间的研究还比较少，但已有的一些实证研究结果也验证了管理防御假说在我国企业中也普遍存在。

韩亮亮、李凯和宋力（2006）以深交所 78 家民营上市公司为样本实证检验了经理持股比例与企业价值的关系。研究结果发现，公司经理持股比例不同引起的利益趋同效应和管理防御效应导致经理持股与企业价值之间呈显著的非线性关系。当经理持股比例界于 8% ~ 25% 时，其持股的壁垒防守效应占主导，当小于 8% 或大于 25% 时，经理持股的利益趋同效应占主导。李维安和李汉军（2006）以 1999 ~ 2003 年我国民营上市公司为研究对象，研究股权结构、高管持股对绩效的影响，实证研究结果显示：当第一大股东绝对控股时，其持股比例越高公司绩效越好；当第一大股东持股比例低于 20% 时，高管的股权激励也无法发挥作用；当第一大股东持股比例在 20% ~ 40% 时，其持股比例和绩效呈现倒"U"型关系，这时高管的股权激励发挥显著的作用。这一研究从侧面验证了高层持股与企业绩效之间的关系的确符合管理防御假说。

巩震、金永生等（2008）以 2004～2007 年沪市上市公司中经理持股比例相对较高的公司为样本进行实证分析以研究中国上市公司管理层持股与公司绩效之间的关系。结果显示，我国上市公司管理层持股比率与公司经营绩效存在三次曲线关系，当管理层持股比例处于 22.19%～54.83% 时，公司绩效随管理层持股比率的提高而上升；当管理层持股比率小于 22.19% 或大于 54.83% 时，公司绩效指标随管理层持股比率的增加而降低。这说明管理层持股作为上市公司高层管理人员的一项激励机制，仅在一定范围内有效率。但是当前我国绝大部分公司的管理层持股比率在 22.19% 以下，管理层持有的股权更多地成为不需要管理人员额外努力即可获得的收入来源，其福利作用远大于激励作用。李新春等的研究结论（2008）验证了在我国民营上市公司中堑壕效应与利益趋同效应同样发挥作用。

此外，李彬、章军（2009）通过对日本公司 2001～2006 面板数据的研究发现，经营者持股水平与公司绩效呈显著的倒"N"型关系，从一定程度上实证了日本企业也符合管理防御假说中的预期。杨淑娥和苏坤（2009）以我国 2002～2006 年民营上市公司为研究对象，在研究终极控股股东现金流权及控制权与现金流权的偏离对公司绩效的影响时发现，控制权与现金流权的偏离与公司绩效显著负相关，终极控股股东对公司具有"堑壕效应"，当现金流权较高时，终极控制股东的"堑壕效应"显著降低。

刘星和安灵（2010）基于我国上市公司的经验证据对所有权结构与公司价值关系进行深入探究后发现，市县级政府控制和非政府控制上市公司的投资绩效受到堑壕效应的消极影响，但利益趋同效应仅在非政府控制上市公司中有所显现；股权制衡对市县级政府和非政府控制的上市公司投资绩效有一定的积极作用。

黄国良、董飞和范珂（2010）从影响管理防御的管理者特征、管理者激励和管理者监督 3 个方面选择了 8 个变量，选取 2003～2008 年连续上市的 A 股公司的面板数据，考察管理防御与公司业绩之间的关系，研究结果表明，管理者防御程度会对公司业绩产生负面影响，其中，管理者年龄、管理者受教育水平、管理者薪酬和董事会独立性与上市公司业绩显著正相关，管理者任期、管理者持股比例对业绩有负面影响，股权集中度与公司业绩呈 U 型关系。

除了对管理防御假说的实证检验之外，还有一些学者对管理防御本身的特征和性质进行了研究。

前面提过袁春生、杨淑娥（2008）从人力资本专用性和专有性的角度对经理管理防御的动因和策略进行了研究，并通过建立数理模型进一步分析了管理防御的经济后果。

李秉祥、曹红和薛思珊（2007）研究了经理管理防御行为的度量问题，他们从经理人人口学特征出发选取经理人年龄、经理人学历、经理人任期、经理人的预期转换工作成本、经理人的专业和经理人的职业经历六个最能反映经理管理防御行为的变量，采用内容分析法构建了适合我国企业的经理人管理防御指数。并进一步以2003～2006 年上市公司的数据为例进行实例验证，发现这种经理管理防御行为在我国企业中的确存在，而且防御程度呈逐年上升趋势。以上学者还对经理管理防御与企业投资行为关系的研究成果进行评述，重点总结了经理管理防御所导致的企业非理性投资问题，归纳出该领域的现状和存在的问题，并指出未来的研究方向。

2.2.3　对国内外研究的简要述评

传统的企业投资理论的共同特点就是对于公司投资行为和投资决策过程研究都是基于完全理性和充分信息的假设前提之下的，随着理论界对企业非效率投资行为研究的深入和各种理论的不断发展，国外理论界开始使用委托代理理论、信息不对称理论和决策者的非理性等解释企业非效率投资行为的出现。经过几十年的研究，无论是理论还是实证，国外理论界对这一问题的研究已经取得了丰富的成果。国外对管理防御的研究最早起源于内部人所有权（持股）与公司业绩之间关系的研究，随着经济发展和研究的不断深入，对管理防御问题的研究广度和深度都得到了不断地发展，研究领域也早已从经理持股与公司业绩之间的关系扩展到了公司治理、财务行为决策和企业经营管理的各个方面；研究方法也从最早的实证检验逐渐演变为逻辑推演、数理模型分析和实证检验相结合的多方法结合使用。纵观国外对管理防御对财务决策影响的研究文献，研究成果主要集中在融资领域和动态资本结构方面，目前对这一方面的研究已经取得了突破性进展，相比之下对于管理防御对非效率投资行为和股利政策的影响方面的研究成果就相对比较少。

虽然经理的管理防御心理源于股东与经理之间的代理冲突，由此导致管理防御与委托代理理论中股东与经理人之间由于委托代理关系所导致的代理成本问题研究有重合的地方，但是管理防御假说的视角不同于以往的委托代理理论，管理防御假说考虑问题的出发点强调的是经理的个人内心心理和动机对企业决策行为的影响，更注重研究经理在各种环境、影响因素的综合作用下心理和行为之间的关系，也更接近现实中企业经理的实际心理状况。如果说委托代理理论的研究重点是股东与经理人之间由于委托代理关系所导致的代理成本问题，更注重结果的研究；那么管理防御理论的研究重点则在于经理的个人内心心理和动机如何对企业决策造成影响，更注重过程的研究。

作为对委托代理理论研究的深化，经理管理防御对于解释经理的复杂决策行为提供了一个新的视角，但国内对管理防御问题的研究起步比较晚。从管理防御假说产生的理论基础来看，对经理持股与公司业绩之间关系的直接实证检验还比较少，当然这与我国企业经理持股较少这一特点相关。从管理防御的研究范围上来看，国内的研究主要仅限于管理防御对财务决策影响方面。从管理防御的研究内容上来看，更多的研究是针对经理管理防御对企业投资、融资和股利政策的具体影响上，对管理防御本身的原因、特点、机制、造成的经济后果和防范等研究比较少，尚未形成逻辑完备的研究体系和框架。从管理防御的研究方法上来看，目前主要采用数理模型分析和实证检验相结合的方法，未能采用新的研究方法也局限了该问题研究的广度和深度。国外已有的研究成果对于我国经理管理防御问题的研究具有重要的借鉴和参考价值，但是国外文献大多是以美国为主的发达资本市场为研究背景，国外的企业制度与健全的资本市场制度与我国的实际情况根本不同，因此经理管理防御在我国企业中的表现、特点和影响还有待于国内学者的进一步深入研究和挖掘。

第3章　经理管理防御对企业非效率投资行为影响的理论分析

心理学的研究表明，人的外在行为是内在心理活动和精神状态的表现。企业经理采取某种投资决策或行为的真实动机是不能被直接观察的，管理防御涉及经理人员深层次的内心心理活动，经理会因为各种原因隐瞒自己的真实心理，甚至于经理可能自为而不自知。本章将对引发经理非效率投资行为决策的管理防御的动机和原因以及会对经理的管理防御动机产生影响的相关因素进行分析，以揭示经理管理防御动机和行为对企业投资行为影响的原因和某些特性，也为后面的进一步研究提供必要的理论分析基础。

3.1　经理管理防御的动因分析

在企业实践中，经理要同时面对来自内部控制制度和外部兼并接管的双重压力和风险，因此，在面临经营和投资决策时，各种心理动机和活动将综合影响经理的投资决策行为，但是这种心理过程是不能被直接观察和研究的，因此必须综合采用经济学、管理学、心理学的理论和观点对经理管理防御动机产生的原因进行分析。

3.1.1　自利性是引发管理防御动机的本质原因

人性假设是对人的本性所持有的基本看法，对人性假设理论问题的研究也是经济学和管理学中最早探讨的基本问题之一，其中，最具代表性的是由美国行为科学家 Edgar H. Schei（1965）在《组织心理学》一书中将前人对人性假设的研究成果归纳为"经济人假设""社会人假设"和"自我实现人假设"，并在此基础上提出了"复杂人假设"，他将这四种假设排列称为"四种人性假设"，这应当是到目前为止对人性假设所做的最全面的概括和研究。

"经济人假设"最早由 Adam Smith（1776）在《国富论》中正式提出，他认为"经济人"具有自利性，即追求自身利益是人的经济行为的根本动机；"经济人"参与经济活动的目的在于追求自身利益的最大化。新古典经济学派明确提出"理性经济人"概念，认为经济人追求的是个体利益的最大化而不是群体利益最大化；"经济人"是完全理性的，即能有效地追求自身利益最大化；"经济人"具有完全信息。此后这些假定条件受到来自心理实验和有限理性假定等的强烈冲击。新政治经济学将新古典经济学派的理性"经济人"假设进行扩展，从经济范畴运用到其他的诸多社会领域，认为人的所有活动都会遵循理性和自利的原则，用"现实的人""实际的人"来代替古典经济学派的"理性的人"，威廉森（1975）将其概括为：信息是不对称的；经济人的理性是有限理性；经济人存在机会主义倾向和投机倾向；经济人总是在一定的制度约束下才能保证追求个人利益的同时增进社会利益。加里贝克尔（Gary Becker，1976）的理论认为，人类的一切活动都蕴涵着效用最大化的动机，经济人所追求的"利益"不仅包括物质财富、货币收入等经济利益，还包括个人对社会地位、名誉、声望、尊重等非经济利益的追求。

埃德加·H. 沙伊（Edgar H. Schei）将"经济人"假设的观点总结为以下几个方面：①人是由经济诱因来引发工作动机的，其目的在于获得最大的经济利益；②经济诱因在组织的控制之下，因此，人总是被动地在组织的操纵、激励和控制之下从事工作；③人以一种合乎理性的、精打细算的方式行事，总是力图用最小的投入获得满意的报酬；④人的情感是非理性的，会干预人对经济利益的合理追求，组织必须设法控制人的感情。

简言之，"经济人"假设的核心理论认为自利的动机是人类与生俱来的本性，人们怀着自利的动机从事经济活动。"经济人"追求个人利益的最大化是经济学的最基本假设，虽然在"经济人"假设之后还有"社会人"假设、"自我实现人"假设和"复杂人"假设，但这些假设都是在"经济人"假设的基础上对人的本性看法的不断发展和完善，都不能否认人的经济性和自利性的存在。经济学中假定人是理性的，就是指人会在面临给定的约束条件下最大化自己的偏好，经济学的各种理论都是建立在这种"理性人"的假设之上的，这与"经济人"假设的内容在本质上相同的，也正是引发经理管理防御动机的最本质的原因。

在公司日常的经营管理和财务决策中，高层管理者追求个人利益的管理防御动机的根源就在于人的经济性和自利性。国内学者冯根福、马亚军（2004）的实证研究结果表明上市公司的高管人员出于自利性具有调节公司负债水平的动机，说明经理在日常的经营管理活动中的确存在自利性，这种自利性会影响经理在包括投资决策在内的诸多财务决策中做出有利于自身利益的决策。代理理论认为，人的自利性和有限理性使人追求自身效用最大化，从而会产生偷懒和机会主义的动机，这也是公司内部控制制度存在的重要原因。

值得注意的是，虽然经理具有自利的本性，但在经营管理和财务决策过程中却并非纯粹完全的"自利"，因为经济活动本身也隐含了利人与利己的两重性，等价交换、互惠互利等价值规律决定了经济主体在追求个人利益的同时，必须尊重和满足他人或社会的利益，而且经理还面临来自内部控制机制和外部接管威胁的双重制约。从经济学的角度来说，虽然"理性人"在面临给定的约束条件下会最大化自己的偏好，但这种选择的过程也需要相互合作（cooperation）

才能实现。阮青松、狄瑶（2008）采用"信任博弈"实验，对中国企业经理人的"自利"和"理性"假设进行了实验研究，结果发现实验参与人群及其文化历史背景的不同并没有对实验结果产生显著的影响，中国的企业经理人没有表现出纯粹的"自利"和"理性"的机会主义行为，而是表现了一定的愿意信任他人并且值得他人信任的特点，他们会考虑博弈中其他参与人的利益。这说明自利本性虽然是引发经理管理防御动机的本质原因，但同时经理的自利性行为也会受到自身价值观、社会制度、经济活动规律等的制约，这也为防范由于管理防御动机导致的企业非效率投资行为的发生提供了理论依据。

3.1.2　成就动机中避免失败的心理是引发管理防御动机的内在原因

在以两权分离为特征的公司制企业中，虽然董事会决定经理的聘任和解聘，但因为经理采取某种投资决策或行为的真实动机是不能被直接观察的，因此导致企业出现非效率投资的管理防御行为产生的真实动机很难通过实证研究方法来检验。采用心理学中的理论对经理的心理和动机进行分析可以进一步探究导致企业非效率投资行为出现的经理管理防御动机产生的心理的原因。

心理学的研究表明，行为是由动机决定和支配的，行为的形成过程如图 3 - 1 所示。

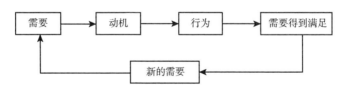

图 3 - 1　行为的形成过程

根据图 3 - 1，当个体的需要没有被满足时，内心会产生紧张和不安，为了消除这种情绪，个体会主动寻找满足需要的对象从而产生活动的动机，动机会支配个体进行满足需要的行为，当需要不断得到满足时，动机会逐渐减弱，当需要完全得到满足时，紧张和不安就会消除，然后会产生新的需要，形成新的动机，引发新的行为。经理的管理防御动机是引发行为的根源，动机的起因则是经理具有这种需要，接下来本书将采用心理学中阿特金森（Atkinson）的期望价值成就动机模型来对该问题进行探讨。

3.1.2.1 阿特金森的期望价值成就动机模型

心理学是研究行为与心理活动规律的科学，在许多领域都被用来分析个体行为与心理活动规律之间的联系。现代心理学理论认为，动机是引起、维持个体活动，并使活动朝向某一目标的内在动力或过程，是为了实现一定的目的而行动的内在原因。根据动机的起源可以将动机分为生理性动机和社会性动机，经理的管理防御动机很显然是一种社会性动机。成就动机和交往动机被认为是两种最主要的社会性动机，其中的成就动机被认为是促使人去从事学习或工作并追求成功的原因。

默里（Murray）是最早研究成就需要的学者，他认为成就需要就是"克服障碍，施展才能，力求尽好尽快地解决某一难题"的内在心理需求，并最早编制了主题统觉测验（thematic apperception test，TAT）用于动机测量。1953 年，美国心理学家麦克莱兰（McClelland）和阿特金森出版了《成就动机》一书，确立了成就动机在动机研究中的地位。成就动机（achievement motivation）是人们在完成任务的过程中，力求获得成功的内部动因，亦即个体对自己认为重要的，有价值的事情乐意去做，努力达到完美的一种内部推动力量。

麦克莱兰的研究重点集中在个人的成就动机对宏观经济的影响方面，阿特金森更关注的是成就动机的性质，成就动机的发生、发展以及成就行为的认知和归因等微观领域的问题。两者在各自研究的基础上共同修订了默里的 TAT 测量工具。

阿特金森（1964）认为个体的成就动机是由追求成功与避免失

败这两种稳定的倾向组成。根据诱因的不同，由趋向成功的诱因所导致的，称为希望成功的动机；由避免失败的诱因所导致的，称为害怕失败的动机。有强烈希望成功动机的个体期待成功后的愉悦、自豪等积极情感，从而促使个体朝向可能的成功而不断的努力，表现为趋向目标的行为有较高的工作绩效和积极的进取心等；害怕失败动机给个体带来的则是失败后预期到的羞愧、内疚等消极情感，从而个体试图通过退缩或不作为以避免这种状况的发生，往往表现为回避目标以避免可能失败的结果。

阿特金森认为追求成功的趋向（T_S）由三个因素共同决定：希望成功的动机（M_S）、任务成功的可能性（P_S）和成功的诱因价值（I_S）。用公式表示就是：

$$T_S = M_S \times P_S \times I_S \qquad (3.1)$$

同样，阿特金森认为避免失败的趋向（Taf）也是由三个因素共同决定：避免失败的动机（Maf）、任务失败的可能性（Pf）和失败的诱因价值（If）。用公式表示就是：

$$Taf = Maf \times Pf \times If \qquad (3.2)$$

如果个体处在一个成就导向的情景中，两种倾向可以同时被唤起，成就动机的合成可以设想为趋向成就活动的倾向与回避成就活动的倾向在强度上的相减关系，即行为的合成动机用公式表示为：

$$T_A = T_S - Taf = M_S \times P_S \times I_S - Maf \times Pf \times If \qquad (3.3)$$

阿特金森还认为 P_S 与 I_S 是相反的关系，即 $I_S = 1 - P_S$；同样地 Pf = 1 - If。对于同一个任务，当个体预期成功的概率越高时，失败的概率就低，因此 Pf = 1 - P_S。通过代换可得出 If = P_S，代入合成公式为：

$$T_A = (M_S - Maf) \times P_S \times (1 - P_S) \qquad (3.4)$$

M_S 可以用 TAT 的方法测量，Maf 的强度可以由焦虑测量问卷测定。从公式可以看出，合成成就动机的强度和方向依赖于 M_S 和 Maf

的强度以及个体对任务成功可能性的判断 P_S。

此后，其他心理学家进一步把动机分为内部动机和外部动机，认为前者是为了从活动本身获得愉悦和满足，后者是将此作为途径达到某一目标。受到这一影响，阿特金森考虑到外在动机对成就活动的影响，将外在动机也引入他的理论之中。因此决定一个人的成就行为的动机便可以用公式表示为：

$$T_t = T_A + T_e \qquad (3.5)$$

T_t 表示个体的成就动机，T_A 表示成就活动的内在动机，T_e 表示成就活动的外在动机。

阿特金森的理论把人的动机的情感层面与认知层面有机的统一了起来，因此被认为是成就动机研究中的突破性进展。

3.1.2.2 成就动机对经理管理防御和投资决策的影响

（1）成就动机对经理心理的影响。

作为职业经理人，其成就动机和行为指向的首要方面当然是职业上的被认可和得到职位的继任。在现实中，经理需要同时面对来自公司的内部控制制度和外部的兼并接管风险，除了可能会被董事会解雇和撤换，外部的兼并和接管也会给经理带来失去职位的威胁。虽然经理具有强烈希望成功的个体动机，并为取得成功而不断的努力，但来自内外部的职位威胁也使经理具有害怕失败的个体动机，这是因为失去经理的在位不仅意味着同时失去经理职位的相关控制权和职业生涯的声誉损失，而且离职后重新寻找工作也需要付出一定的成本，来自心理和经济上的巨大压力使得个体试图通过退缩或不作为以避免这种状况的发生，表现为在这种可信的威胁之下经理具有强烈害怕失败的动机并采取相应行为以避免被撤换的结果。

当经理面临投资决策时，不仅要做出投资项目的选择，而且要面对这种选择所带来的职业风险。作为心理活动的个体，经理具有强烈希望成功的个体动机，这一心理在投资决策时表现为尽量选择能实现企业和股东价值最大化的决策项目；同时经理也具有害怕失败的个体动机，这一动机不仅使经理要考虑到即使符合企业和股东价值最大化的投资决策项目也可能由于风险和不确定性而失败，而且要考虑到项目失败有可能导致自己被董事会撤换或企业被外部并购而遭到解聘。为了应对来自内外部的职位威胁和压力，经理会采取有利于自身的决策行为以稳固自己的职位，自利性的存在也使经理在固守职位的同时追求个人利益最大化，这成为管理防御动机导致企业非效率投资行为产生的直接心理原因。因此，国内学者李秉祥、张明和武晓春（2007）将管理防御定义为管理防御是指经理人在公司内、外控制机制下其职业生涯中会面临被解雇、企业破产、被接管等所带来的威胁与压力，经理人在这些压力下选择有利于维护自身职位并追求自身效用最大化的行为。这从一定的角度说明经理的管理防御动机和行为与成就动机中的避免失败倾向相关。此外，我国企业对经理的激励主要还是在位激励，职位是经理的主要利益来源，避免失败倾向当然成为影响经理成就动机倾向的首要因素，因此经理存在职位固守的动机和行为也是必然和理性的选择。

国内对成就动机的研究起步较晚，而且范围主要集中在对学生成就动机的研究上，对涉及企业中经理人员的成就动机的研究还比较少。陈强（1990）认为企业管理人员的成就动机与大专生、工人的成就动机相比具有显著差异。杜红（2001）的研究认为，经理人员的成就取向与企业的组织文化有密切的关系，而且与年龄、职务层次、从事管理工作年限以及所在企业的性质等经理人员个人特征有关。杨慧芳、顾建平（2007）认为成就动机对中层管理者绩效有显著的负向预测力。孙跃、胡蓓（2009）认为，避败动机有助于降低员工的离职意愿，求成动机增强了员工的离职意愿。这些理论验证了成就动机是影响员工离职意愿的重要变量之一。虽然以上理论没有对经理的成就动机和离职意愿之间的关系做出研究，但这些理论都初步证实了经理的成就动机特性与职位的相关性，成就动机中追求成功和避免失败的动机会影响到经理的离职意愿。

（2）任务难度、动机强度对工作效率的影响。

在阿特金森的动机合成公式（3.4）中，成就动机的内部动机

T_A 的强度和方向依赖于 M_S 和 Maf 的强度以及个体对任务成功可能性的判断 P_S。当 $M_S > Maf$ 时，T_A 是正值，此时个体的内部动机强度表现为趋向追求成功的成就活动；当 $M_S < Maf$ 时，T_A 是负值，此时个体的内部动机强度表现为趋向避免失败成就活动。对函数求导可知，当 $P_S = 0$ 或 $P_S = 1$ 时，内部动机强度最低且为 0；当 $P_S = 0.5$ 时，成就动机的内部动机强度最高。

动机对人的行为具有引发、指引和激励的功能，因此动机强度的高低会对人的工作效率产生影响。心理学研究表明，动机强度与工作效率之间的关系不是一种线性关系，而是倒"U"形曲线关系，这就产生一个动机最佳水平的问题。

心理学中的叶克斯—多德林定律认为，在比较容易的任务中，工作效率有随动机的提高而上升的趋势；而在比较困难的任务中，动机最佳水平有逐渐下降的趋势，如图 3 - 2 所示。

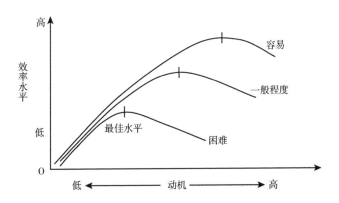

图 3 - 2 任务难度、动机强度与工作效率之间的关系示意图

从图 3 - 2 可知，动机强度对工作效率而言并非越高越好，能最大限度提高工作效率的动机最佳水平是介于最低与最高动机之间的某一水平。此外，阿特金森的研究认为，对于高成就动机的人（$M_S > Maf$）来说，他们更爱选择中等难度的任务；而对于低成就动机的人（$M_S < Maf$）来说，他们要么选择确信能成功的任务，要么选择认为肯定要失败的任务，这样即使失败，也可以为自己找到合适的

借口。

　　针对经理职业生涯中的成就动机，追求成功的动机 M_S 意味着努力工作，以股东期望的股东和企业价值最大化为原则进行决策并得到股东对自己职业成功的肯定；避免失败的动机 Maf 意味着为了避免失去经理的职位经理试图通过退缩或不作为以避免被股东解聘情况的发生，这时经理有可能做出非股东和企业价值最大化为原则而是更多地体现自己目标的经营决策行为，即管理防御行为。当经理面临投资决策时，追求成功和避免失败的动机同时影响经理的决策心理，是选择符合企业和股东价值最大化的决策还是有利于自身的投资决策将根据合成动机 T_A 的方向确定。由于追求成功和避免失败动机的同时存在，经理的决策抉择行为具体是采取使企业价值最大化的决策还是职位固守的管理防御决策行为主要取决于 T_A 的方向：当 $M_S > Maf$ 时，采取使企业价值最大化的决策行为；当 $M_S < Maf$ 时，采取职位固守的管理防御决策行为。任务成功的可能性 P_S 是经理对决策与职位是否得到巩固关系的主观判断，也就是任务难度。$P_S = 0$ 意味无论经理采取什么决策行为都会失去经理职位，$P_S = 1$ 意味无论经理采取什么决策行为都不会失去经理职位，因此在这两种情况下经理都不具有管理防御的成就动机。除了这两种情况以外，通常情况下 P_S 在 0~1 变动，经理对 P_S 的判断将直接影响动机的强度和决策的效率，通常当 $P_S = 0.5$ 时，管理防御的内部动机强度最高。

　　根据 $T_t = T_A + T_e$，成就活动的外在动机对管理防御行为也有影响。引起外在动机的条件是诱因，诱因即能引起个体动机并满足个体需要的外在刺激。能引发经理管理防御行为的外在诱因主要是股东对经理的激励不足，这也是代理成本产生的原因之一。

3.1.3　信息不对称导致的风险和激励是引发管理防御动机的外在原因

　　经济学认为，劳动分工导致了代理制的出现。当一个委托人向一个代理人委派任务时，激励问题就会出现。而代理制的出现是由于存在劳动分工带来的报酬递增的可能性或是由于委托人没有时间或没有能力独自完成任务，或是由于委托人在面临复杂问题时受到各种形式的有限理性约束。然而，从代理制存在的事实可以推知代理人有可能得到委托人无法获得的信息或私人技术，因此代理中有可能存在逆向选择的问题。在企业中，股东们将企业的日常决策权委托给经理，因为经理了解企业的经营状况并且具有专业的管理知识和经验，这些信息差异在本质上影响了委托人和代理人的双边契约。为了使资源配置达到帕累托最佳程度，两者之间的契约设计必须能揭示出代理人的私人信息，这只能通过给予代理人租金的方式来实现，但这类租金对于委托人却是一种成本。委托人支付的为了诱使代理人说真话所必须支付的信息租金与资源配置效率之间存在的冲突最后导致的是一个次优的契约，这也说明激励存在的必要性。

接下来将使用委托代理理论的基本模型和框架来分析信息不对称所导致的风险和激励是经理管理防御动机产生的外在原因。

3.1.3.1 激励模型的假设条件

基于委托—代理的激励模型的基本思路如下：虽然委托人不能直接观测到代理人选择了什么行动，但是委托人希望代理人能够按照前者的利益选择行动，委托人能观测到的只是由其他的外生随机因素和代理人的行动或努力共同决定的一些变量，即委托人只能观测到代理人行动的不完全信息。委托人的问题是如何根据能观测到的这些信息来对代理人进行奖惩，以激励代理人选择对委托人最有利的行动。根据研究问题的性质提出如下假设：

假设 3-1：股东（委托人）和经理（代理人）双方都是完全理性的个人主义者，均会采用最优的行为以最大化各自的效用函数。

假设 3-2：用 A 表示经理所有可选择的投资行动组合，$a \in A$ 表示经理的一个具体投资的行动，a 是代表经理努力水平的一维变量，c(a) 是经理努力和行动的成本。

假设 3-3：用 θ 表示不受股东和经理控制的外生随机变量（即"自然状态"），Θ 是 θ 的取值范围，θ 在 Θ 上的分布函数和密度函数分别是 G(θ) 和 g(θ)（这是当 θ 是连续变量的情况下，如果 θ 只有有限个可能取值，则 g(θ) 为概率分布）。当经理选择投资行动 a 后，外生变量 θ 实现。a 和 θ 是股东不能直接观测到的，但是 a 和 θ 共同决定了一个可观测的结果 x(a,θ) 和一个货币投资收入 q(a,θ)（产出），该货币投资收入的直接所有权属于股东。由于 x(a,θ) 是向量，很有可能包括 q、a 和 θ，也还有可能包含其他一些变量，为了简化分析，假设 q 是唯一的可观测变量，即 x(a,θ) = q(a,θ)。

假设 3 - 4： 假定 q 是 a 的严格递增凹函数（即给定 θ，经理工作越努力，投资产出越高，但努力的边际产出率递减）；q 是 θ 的严格增函数（即自然状态越有利 θ 越大，投资产出越高）。

假设 3 - 5： 根据股东和经理之间的协议，股东根据观测到的 q(a，θ) 来决定支付给经理的报酬 s(q)。

假设 3 - 6： 假定股东的效用函数为 v(q - s(q))，其中，$v' > 0$，$v'' \leq 0$；经理的期望效用函数为 u(s(q)) - c(a)，其中，$u' > 0$，$u'' \leq 0$，$c' > 0$，$c'' > 0$。即股东和经理都是风险规避或风险中性者，努力的边际效用是递减的。股东与经理之间的利益冲突决定了 $\frac{\partial q}{\partial a} > 0$ 和 $c' > 0$，$\frac{\partial q}{\partial a} > 0$ 意味着股东希望经理多努力，而 $c' > 0$ 意味着经理希望少努力。因此除非股东能对经理提供足够的激励，否则经理不会如股东希望的那样努力工作。

3.1.3.2　激励模型的约束条件

条件 3 - 1： 股东追求期望效用最大化，即：

$$(P) \quad MaxEv(q - s(q))$$

条件 3 - 2： 经理的参与约束（participation constraint），即经理从接受合同中得到的期望效用不能小于不接受合同时能得到的最大期望效用。如果用 ū 来表示经理不接受合同时能得到的最大期望效用（也称为"保留效用"），那么参与约束（又称为个人理性约束，

individual rationality constraint) 可以表述为:

$$(IR) \quad u(s(q)) - c(a) \geqslant \bar{u}$$

条件 3 - 3: 经理的激励相容约束 (incentive compatibility constraint), 当股东无法观测到自然状态 θ 和经理的投资行动 a, 在任何的激励合同下, 经理总是选择使自己的期望效用最大化的投资行动 a, 也就是说, 股东希望的 a 都只能通过经理的效用最大化行动来实现, 即:

$$(IC) \quad Max[u(s(q)) - c(a)]$$

3.1.3.3 激励的一般模型

(1) 状态空间模型。

"状态空间模型化方法" (state - space formulation) 由威尔逊 (Wilson, 1969)、斯彭斯和泽克豪泽 (Spence 和 Zeckhauser, 1971)、罗斯 (1973) 最早使用。该模型的优点是直观地表述出委托代理问题中的每一种关系, 但由于外生变量 θ 是不可观测的, 该模型无法求出最优解, 更何况如果 s(q) 不限制在有限区域, 甚至会出现解不存在的情况。

对于股东来说, 就是在满足约束条件 (IR) 和 (IC) 的情况下选择 a 和 s(q)实现期望效用 (P) 最大化。用公式表示状态空间模型就是:

$$\underset{a,s(q)}{Max} \int v[q(a,\theta) - s(q(a,\theta))]g(\theta)d\theta$$

$$s.t. (IR) \int u[s(q(a,\theta))]g(\theta)d\theta - c(a) \geqslant \bar{u}$$

$$(IC) \int u[s(q(a^*,\theta))]g(\theta)d\theta - c(a^*) \geqslant \int u[s(q(a',\theta))]$$

$$g(\theta)d\theta - c(a'), \forall a^*, a' \in A$$

(IC) 中的 a^* 表示股东希望的经理采取的投资行动, $a' \in A$ 是经理可以选择的其他任何投资行动, 那么只有当经理从选择 a^* 中得到的期望效用大于从 a′ 中得到的期望效用时，经理才会选择 a^*。

（2）分布函数的参数化方法。

与状态空间模型等价的但是更简便的模型化方法是由莫里斯 Mirrlees，1974，1976）和霍尔姆斯特伦（Holmstrom，1979）最早使用的"分布函数的参数化方法"（parameterized distribution formulation）。该方法是将状态空间模型中的外生变量 θ 的分布函数转换为 q 的分布函数，从而消除了随机变量 θ。这个新的分布函数通过 q(a, θ)从原分布函数 G(θ)导出。如果用 F(q,a)和 f(q,a)分别代表所导出的分布函数和对应的密度函数，对于股东来说，在满足约束条件（IR）和（IC）的情况下选择 a 和 s(q)实现期望效用（P）最大化的分布函数的参数化模型就是：

$$\underset{a,s(q)}{\text{Max}}\int v[\,q - s(q)\,]f(q,a)dq$$

$$\text{s. t. (IR)}\int u[\,s(q)\,]f(q,a)dq - c(a) \geqslant \bar{u}$$

$$\text{(IC)}\ \underset{a \in A}{\text{Max}}\int u[\,s(q)\,]f(q,a)dq - c(a)$$

3.1.3.4　信息对称情况下的最优风险分担和最优努力水平分析

前述委托代理模型是为了分析非对称信息下最优合同而建立的，但为了简化问题的分析，可以通过对比对称信息下最优合同以揭示委托代理关系中风险分担和激励问题的本质。

在信息对称情况下，经理的投资行动和努力水平 a 是可以观测的。这时股东可以根据观测到的 a 对代理人实行奖惩，激励合同可以建立在行动的基础上，激励相容约束条件就是多余的。原因如下：用 a^* 表示股东希望的经理采取的投资行动，a′ ∈ A 是经理可以选择的其他任何投资行动，如果经理选择 a^*，股东将支付 $s(q^*) = s^*$，否则将支付 $s' < s^*$，使下列不等式成立：

$$\text{(IC)}\int u[\,s(q(a^*,\theta))\,]g(\theta)d\theta - c(a^*) > \int u[\,s(q(a',\theta))\,]$$

$$g(\theta)d\theta - c(a'), \forall a^*, a' \in A$$

因此只要 s' 足够小，经理决不会选择 $a' \neq a^*$。

以下区分两种情况进行讨论：第一种情况假定投资行动 a 给定，讨论投资产出 q 的最优分配方式；第二种情况讨论最优的投资行动选择 a。

（1）对称信息情况下最优风险分担合同。

根据分布函数的参数化模型，在给定努力水平 a 的情况下，投资产出 q 是一个简单随机变量，问题简化为选择 s(q) 解决下列最优化问题：

$$\underset{s(q)}{Max}\int v[q - s(q)]f(q,a)dq$$

$$s.t. (IR)\int u[s(q)]f(q,a)dq - c(a) \geq \bar{u} \quad (3.6)$$

构造拉格朗日函数如下：

$$L[s(q)] = \int v[q - s(q)]f(q,a)dq + \lambda[\int u[s(q)$$

$$f(q,a)dq - c(a) - \bar{u}] \quad (3.7)$$

最优化的一阶条件是：

$$-v'[q - s(q)] + \lambda u'[s^*(q)] = 0 \quad (3.8)$$

整理后得：

$$\lambda = \frac{v'[q - s(q)]}{u'[s^*(q)]} \quad (3.9)$$

根据假设 3-6 中 $v' > 0$，$u' > 0$ 得 $\lambda > 0$。该最优条件说明，股东和经理收入的边际效用之比等于一个常数，而与投资产出 q 和外生变量 θ 无关。

假设 q_1 和 q_2 是任意两个投资产出水平，那么可以得到：

$$\lambda = \frac{v'[q_1 - s(q_1)]}{u'[s(q_1)]} = \frac{v'[q_2 - s(q_2)]}{u'[s(q_2)]} \Rightarrow \frac{v'[q_1 - s(q_1)]}{v'[q_2 - s(q_2)]} = \frac{u'[s(q_1)]}{u'[s(q_2)]}$$

$$(3.10)$$

这说明在最优条件下，不同投资收入的边际替代率对股东和经理都是相同的，也就是在这种情况下可以达到帕累托最优。

具体来说，如果股东和经理都是严格风险规避的（$v'' < 0$，$u'' < 0$），最优风险分担要求双方都承担一定的风险；如果股东是风险中性的（$v'' = 0$）而经理是严格风险规避的（$u'' < 0$），最优风险分担表明所有的风险都由股东承担，经理不承担任何风险；如果股东是严格风险规避的（$v'' < 0$）而经理是风险中性的（$u'' = 0$），最优风险分担表明股东得到一个固定收入，经理承担全部风险；如果两者都是风险中性的（$v'' = u'' = 0$），那么股东的无差异曲线上的任何一点都是最优的。

因为最优化条件（3.9）隐含地定义了最优支付合同 $s^*(q)$，通过使用隐函数定理可以得出最优支付合同与每一方风险规避度的关系。式（3.9）对 q 求导得到：

$$-v''\left(1 - \frac{ds^*}{dq}\right) + \lambda u'' \frac{ds}{dq} = 0 \tag{3.11}$$

将 $\lambda = \dfrac{v'}{u'}$ 代入式（3.11）得：

$$\frac{ds}{dq} = \frac{\rho_p}{\rho_A + \rho_p} \tag{3.12}$$

其中，$\rho_p = -\dfrac{v''}{v'}$，$\rho_A = -\dfrac{u''}{u'}$ 分别代表股东和经理的阿罗—帕拉特绝对风险规避度量（Arrow-Pratt measure of absolute risk aversion）。式（3.12）意味着，股东给经理的最优支付 s^* 与投资产出的关系 q 完全由绝对风险规避度的比例决定。给定 $\rho_p > 0$，$\rho_A > 0$（即双方都为风险规避者），股东的支付 s^* 随 q 的上升而上升，但上升的幅度小于 q 上升的幅度。当 $\rho_p = 0$ 时，$\dfrac{ds}{dq} = 0$，s^* 与 q 无关；当 $\rho_A = 0$ 时，$\dfrac{ds}{dq} = 1$，s^* 与 q 的增幅是相同的。

特殊情况下，如果股东和经理的绝对风险规避度是不变的（这种情况很少)，表明 ρ_p 和 ρ_A 与各自的收入是无关的，那么最优合同是线性的，对式（3.12）积分可以得到：

$$s^*(q) = \alpha + \beta q \qquad (3.13)$$

其中，$\beta = \dfrac{\rho_p}{\rho_A + \rho_p}$，$\alpha$ 是常数项。

一般情况下，经理的收入越高越不害怕风险，即 ρ_p 和 ρ_A 随收入的增加而递减，最优合同 $s^*(q)$ 是非线性的，其大小依赖于风险规避度的相对变化水平。

分析表明，在对称信息和投资行动 a 给定的状态下，虽然当股东和经理对待风险的态度不同时，最优风险分担的方式不同但帕累托最优风险分担是可以达到的。股东和经理对待风险的态度决定了帕累托最优风险分担的方式。但是模型中的风险只考虑了外部市场风险，而没有将经理的人力资本雇佣风险考虑在内，即经理不仅担心由于外部市场风险引起的投资产出不佳导致降低的报酬水平，也同样担心外部市场风险引起的投资产出不佳导致自己被解雇。与股东的风险态度相比，经理更有可能是风险规避的，即 $\rho_A > \rho_p$，经理则更希望股东是风险中性者（$\rho_p = 0$），因为这样 s^* 与投资产出 q 是无关的，股东将承担所有的风险。这是信息对称情况下的帕累托最优风险分担，可以推论在信息不对称情况下这种帕累托最优风险分担是达不到的，即使经理是风险规避的，股东是风险中性的，股东也不可能承担所有的风险。换言之，在信息不对称情况下，经理必然要承担一定的市场风险带来的经营后果，即外部市场风险有可能会导致经理报酬的低水平（甚至是解雇），帕累托最优风险分担是不可能达到的。为了应对这种风险后果，经理有动机采取其他的方式取得股东承诺报酬以外的收益来分散风险带来的不利后果。

（2）对称信息情况下经理最优努力水平（激励问题）。

根据状态空间模型，股东的问题就是选择 a 和 s（q）解决如下问题：

$$\max_{a,s(q)} \int v[\,q(a,\theta) - s(q(a,\theta))\,]g(\theta)d\theta$$

$$\text{s. t. (IR)} \int u[\,s(q(a,\theta))\,]g(\theta)d\theta - c(a) \geqslant \bar{u} \qquad (3.14)$$

构造拉格朗日函数如下:

$$L(a,s(q)) = \int v[\,q(a,\theta) - s(q(a,\theta))\,]g(\theta)d\theta$$

$$+ \lambda\{\int u[\,s(q(a,\theta))\,]g(\theta)d\theta - c(a) - \bar{u}\} \qquad (3.15)$$

最优化的两个一阶条件是:

$-v' + \lambda u' = 0$。公式变形后得:

$$\lambda = \frac{v'}{u'} \qquad (3.16)$$

$$\int v'\left(\frac{\partial q}{\partial a} - \frac{\partial s}{\partial q}\frac{\partial q}{\partial a}\right)g(\theta)d\theta + \lambda\left[\int u'\frac{\partial s}{\partial q}\frac{\partial q}{\partial a}g(\theta)d\theta - \frac{\partial c}{\partial a}\right] = 0$$

$$(3.17)$$

根据假设 3 - 6 中 $v' > 0$, $u' > 0$ 得到 $\lambda = \dfrac{v'}{u'} > 0$, 使用式 (3.16) 简化式 (3.17) 得:

$$\int v'\frac{\partial q}{\partial a}g(\theta)d\theta - \lambda\frac{\partial c}{\partial a} = 0$$

使用期望值算子 E, 得到:

$$E\left[v'\frac{\partial q}{\partial a} - \lambda\frac{\partial c}{\partial a}\right] = 0 \Rightarrow Ev'\left[\frac{\partial q}{\partial a} - \frac{1}{u'}\frac{\partial c}{\partial a}\right] = 0 \qquad (3.18)$$

其中的 $v'\dfrac{\partial q}{\partial a}$ 可以解释为用股东的效用单位度量的行动 a 的边际收益, $\lambda\dfrac{\partial c}{\partial a}$ 可以解释为用经理的效用单位度量的行动 a 的边际成本, 这样式 (3.18) 就达到了帕累托的最优条件: 行动的期望边际收益等于期望边际成本。

以上的分析得到一个基本结论就是，在信息对称的情况下，股东可以观测到经理的投资行动 a 时，帕累托最优是可以达到的（外生变量 θ 的实现是在经理投资行动 a 之后，所以最优的 a 独立于 θ）。在帕累托最优风险分担实现的同时，最优努力水平的最优合同可以表述如下：

$$s = \begin{cases} s^*(q) = s^*[q(a^*,\theta)], a \geqslant a^* \\ \underline{s}, a < a^* \end{cases} \quad (3.19)$$

这个公式可以解释如下：a^* 表示股东希望的经理采取的投资行动，如果经理选择了 $a \geqslant a^*$，股东将根据 $s^*[q(a^*,\theta)]$ 支付报酬给经理；否则经理只能得到 $\underline{s}$，只要 $\underline{s}$ 足够小，经理就不会选择 $a < a^*$。因为经理的效用水平是努力水平 a 的递减函数，所以经理在任何情况下都不会选择 $a > a^*$，所以经理必然选择的是 $a = a^*$。

以上是对称信息状况下的帕累托最优，但是如果信息是不对称的情况这种帕累托最优是无法实现的。

3.1.3.5 信息不对称情况下经理的最优努力水平

当股东不能直接观测到经理的投资行动或努力水平 a 和外生变量 θ，在给定的帕累托最优 $s^*[q(a,\theta)]$ 下，经理将选择 a 解决自身效用最大化的问题，用公式表示就是：

$$\max_a \int u[s^*(a,\theta)]g(\theta)d\theta - c(a) \quad (3.20)$$

该问题最优化的一阶条件是：

$$E\left[u'\frac{\partial s^*}{\partial q}\frac{\partial q}{\partial a} - \frac{\partial c}{\partial a}\right] = 0 \Rightarrow Eu'\left[\frac{\partial s^*}{\partial q}\frac{\partial q}{\partial a} - \frac{1}{u'}\frac{\partial c}{\partial a}\right] = 0 \quad (3.21)$$

a^* 是（3.18）的解，设 a' 是（3.21）的解，对比（3.18）和（3.21）可知，a' 和 a^* 是不同的，根据假设 3-6 和最优风险分担要求可得 $a' < a^*$，即经理选择的努力水平小于帕累托最优努力水平。

这也意味着，如果股东不能观测到经理的努力水平表明经理的报酬所得和付出的努力程度是无关的，经理当然不会努力工作以获得相应的报酬。

具体来说，在给定的 $s^*[q(a,\theta)]$ 下，对股东是最优投资选择的 a^* 对经理并不是最优的，因此在信息不对称的情况下，股东无法观测到经理的投资选择 a，经理将选择 $a < a^*$ 以改进自身的福利水平。在投资产出 $q(a,\theta)$ 不佳的情况下，经理可以将原因归咎于是受到了不利的外生变量 θ 的影响，从而逃避股东的指责。

换一个角度继续分析，直接比较式（3.18）和式（3.21），令 $a^* = a'$，根据帕累托最优风险分担条件得到 $E\dfrac{\partial q}{\partial a} = \dfrac{\partial c}{\partial a}$，这时经理选择的努力水平与帕累托最优的努力水平相同，但从风险分担的角度来看，经理承担了全部的风险，经理不再为股东工作而是为了自身利益工作，不再有委托—代理制中的利益冲突。

综上所述，由于股东与经理之间的信息不对称导致的风险分担和激励问题是引发经理管理防御动机的外在原因。反映在投资决策中，经理与股东在投资决策中的信息不对称是引发经理管理防御动机心理的外在原因，也是导致经理最终做出非效率投资决策的外在诱因。

3.2　经理管理防御动机的影响因素分析

3.2.1　基于期望理论的管理防御内涵分析

美国心理学家弗罗姆（V. H. Vroom）的期望理论认为，人从事某项工作并达成目标的原因，是因为这些工作和组织目标能帮助他们实现自己的目标，满足自身某些方面的需要。因此，动机（motivation）取决于效价（value）和期望值（expectance）两个因素，即：

$$M = V \times E$$

其中，M 是动机的强度，效价 V 是个体对行动产生结果重要性的主观评价，期望值 E 是个体对实现目标可能性大小的估计。个体认为行为结果的价值越大，估计结果实现的概率越大，那么引起后续行为的动机也就越强烈；当效价和期望值中有一个为 0 时，个体将不再具有动机。

这里效价 V 是经理主观认为的防御行动后果对自身的有用性，期望值 E 是经理对实现目标可能性大小的估计。

从引起经理管理防御动机的效价 V 和期望值 E 的不同，可以将经理管理防御的影响因素分为两类：一类是通过影响效价 V 最终影响经理管理防御动机的强度；另一类是通过影响期望值 E 最终影响经理管理防御动机的强度。对效价 V 的分析主要围绕经理自身特征进行，对期望值 E 的分析主要围绕公司内部治理机制的角度进行。

3.2.2 经理自身因素对管理防御动机的影响

陈等人（Chan et al. , 1998）的研究表明管理防御行为与经理的自身特征、工作背景密不可分，这也是因为经理的自身特质将影响经理主观认为的防御行动后果对自身的有用性，即引发经理管理防御动机的效价 V。

3.2.2.1 经理的人力资本专用性（human capital specificity）

资产专用性是指资产在用于特定的用途以后，很难再转移到其他地方继续使用的性质。杨瑞龙、杨其静（2001）认为专用性特指专门为支持某一特定的团队生产而进行的持久性投资，并且一旦形成，再改作他用，其价值将大跌；即专用性资产的价值在事后严重依赖于团队的存在和其他团队成员的行为。人力资本的专用性源于员工在企业的"干中学"，对于员工个人来说，人力资本专用性投资是专门为提高某一特定企业的绩效而持续进行的时间、知识、经验和技能等方面的投资，它不仅包括个人在该企业专门经营领域中的知识、经验和技能的积累，而且更强调在企业合作团队中员工相互之间在知识或技术上的互相信任和依赖以及所有可以提高效率降低交易成本的资本总和。

员工的人力资本专用性一方面使自身的人力资本只对特定企业具有价值，一旦员工离开该企业则人力资本的价值急剧下降；另一方面，员工具有的专用性人力资本也使企业能获得较高的经营绩效。专用性人力资本使员工和组织之间形成了交易锁定，从而降低了员工的流动率。因此，当经理在特定的企业投入时间、知识和技能之后所形成的人力资本专用性在该企业具有较高的价值，但一旦离职这部分价值将大大减损，即经理离职将导致专用性人力资本准租金的消散。此外，经理离职后重新寻找工作也必须付出一定的成本。转换工作成本（relocation cost）的概念最早由吉尔森（Gilson，1989）提出。吉尔森实证研究了美国财务状况恶化公司高级主管离职情况，在381个样本中一致显示经理人离职有很高的个人成本，尤其在52%的抽样公司中，高级主管在负债违约或破产时都遭到撤换，离职后平均有3年未能在其他公司担任要职，而离职时平均年龄仅52岁。如果经理离职还有职业声誉的损失，那么重新寻找工作的难度和成本还将增加。综上所述，经理的人力资本专用性使离职成为经理职业生涯的重大威胁和人力资本风险，因此经理的人力资本专用性越高，经理固守现有职位的需要和心理就越强烈。

3.2.2.2　经理的年龄（age）

伊顿和罗森（Eaton & Rosen，1983）的研究表明，经理的年龄反映了其对待经营风险的态度，通常情况下，越是年龄大的经理越趋向于保守，在公司的日常经营中越容易选择风险相对较小的决策以保证其职位安全。而年轻的经理则更趋向于激进的风险承担，为了提高自身在经理人市场上的声誉更加勇于做出相对高风险的决策，因为即使失败他们也可以重新开始，这使他们比年龄大的经理能承受更多的失业风险。

此外，经理的年龄还与工龄和企龄相关。工龄的影响主要源于职业的"进化论"，即通过社会的优胜劣汰，不适合该职业的人会逐渐离开，工作时间越长的人就越适合该工作。企龄的影响则主要源于组织社会化理论，该理论认为员工在企业中的时间越长，对企业和工作的了解就越深刻，当其他条件一定时，绩效就越好，这与人力资本专用性理论不谋而合；此外，企龄越长的员工，薪酬水平相对越高，如果员工离开企业就会损失一部分收入，这也是降低员工流动率的措施和方法之一。因此，经理的工龄和企龄越长（当然年龄越大），离开企业的可能性和现实性也就越小。

从职业生涯角度来看，年龄不同的经理处于不同的职业生涯阶段。在不同的职业生涯阶段，经理对职业成就的追求侧重点是不同的。较年轻的经理通常处于职业生涯的中期阶段，职业生涯的周期还很长，经理更加倾向于通过不断的经验积累以寻求事业的不断提高，因此该阶段的经理有可能尝试不断地转换工作以寻找最适合自己的职位和企业，其人员流动性较大，因此对经理职位的固守程度比较低，而是更注重职业经验的积累。年长的经理通常处于职业生涯的后期或退休阶段，其生活重心有可能由职业转向其他方面，或者虽然对职业还保持一定的热情，但是这种热情更可能是对职位的留恋而不是针对职业本身。这个时期对年长者来说，人力资本流动性的下降和现实的职业环境使他们没有更高的积极性和可能性离开公司去寻找一份新的工作，职业的稳定性与职业的成就感相比显得更加重要，因此年龄大的经理对职位的固守程度相对要高。

3.2.2.3 经理的学历（受教育程度）（education）

虽然高学历并不代表高能力，但是由于信息的不对称，企业在不了解经理能力高低的情况下必须做出聘任决定时就必须将经理的受教育程度作为一项重要的指标衡量其能力高低。信号传递理论的开创者斯宾塞在其劳动力市场模型中，对雇员选择受教育程度和雇主制定录用、薪酬制度的博弈均衡进行了分析。在该模型中，劳动力市场上存在着有关雇佣能力的信息不对称，雇员知道自己的能力，雇主不知道，但雇员的受教育程度（education）将作为一种信号向雇主传递有关雇员能力的信息，雇主根据这一信号将不同能力的雇员区别开来，这样高学历的雇员才能得到高于市场平均的报酬。皮热（Pige，1999）的研究表明，知名大学文凭与经理人的管理防御水平之间有显著的联系。在我国企业招聘实践中，具有较高学历的求职者比低学历者更容易受到企业的重视，在竞争中处于更加有利的位置。由于学历高低直接影响经理求职时的竞争实力和获得职位的难易程度，因此相比学历高的经理，低学历经理更不愿失去现有的职位，因此也就具有更高的对现有职位固守的管理防御心理和意识。

3.2.2.4　经理的任期（tenure）

在公司治理研究中，经理的任期通常被解释为经理过度控制和缺乏董事会监督强度的标志。这是因为较长的任职时间一方面有助于增强经理的人力资本专用性，使经理更容易满足现状，离职意愿降低而固守职位的心理更强烈；另一方面经理任职时间越长，其对公司的控制程度也就相应越强，同时受董事会监管的力度也就越弱，股东也就更难解雇他，其心理和行为将更有可能倾向于自身利益而非公司价值最大化的目标。此外，经理任期越长，在该组织中构建自己"经理帝国"和提高声誉的欲望也就越强烈，这也是经理强化和巩固自身势力用于对抗公司治理的途径之一。伯杰（1997）等人的研究认为较长的任期使经理人控制内部监督机制的可能性增大，艾伦和帕尼纳（Allen & Panian，1982）的研究认为任期与经理权利两者显著正相关，汉里布克和福富（Fukutomi，1991）的经典理论则认为 CEO 的任期与企业绩效之间是倒"U"型关系。

从职业生涯角度来看，较长的任期和长期的稳定工作使经理对自己在组织中的地位具有较强的心理依赖，长此以往，其知识和意识结构就会形成固定模式并逐渐僵化，预期转换工作成本也逐渐增强，而且任期越长的经理通常薪酬和在职消费水平也就越高，这些都使经理更关注职业和收入的稳定性，因此职位固守的心理也就越强烈。

3.2.2.5 经理的专业（specialty）和职业经历（experience）

经理的职业经历是指该经理曾经从事过的行业以及在该行业中曾经担任过的职能角色或职业，职业经历反映了经理所从事的工作经验状况，经理所从事过的行业和职业越多说明经理拥有的职业经历越复杂，工作经验也越丰富，离职后重新寻找和从事新工作的难度就越低，该经理固守现有职位的心理和行为程度也相应越低。按照中国企业的现状，经理的职业经历又与其专业是否具有通用和多元性相关。如果经理在教育阶段所接受的专业知识教育专用性越高（通常专用性高是指掌握这门知识需要较长的学习时间并且只能应用于特定的行业领域），经理从事多行业和多职业的可能性就越低；相反，如果经理的专业教育具有很强的通用性，职业培训经历又具有多元性，那么经理就比较容易转换行业和职业，从事多行业和多职业的可能性就越高。作为一个专门的经理职业，从业者需要掌握和熟练使用管理学的基本知识和理论，当然这部分知识也可以通过职业培训来学习。举例来说，具有非管理学专业且专业专用性较高的经理在经过管理学职业知识培训之后，要比只具有管理学专业或只具有该专业学历的经理职位固守的心理要低，这是因为该经理在离职后的转换工作成本要低于后两者。

虽然经理的专业和职业经历之间具有一定的联系，但是也并不是完全的相关。总的来说，经理的专业知识专用性越低，曾经从事过的行业和职业越多，经理离职后重新寻找工作的难度就越低，转换工作成本也越低，因此经理对目前职位固守的程度也就越低。

3.2.2.6 经理的报酬水平（reward）

报酬是员工从企业得到的作为个人贡献回报的他认为有价值的各种东西。员工工作的积极性不仅受到绝对报酬的影响，还受到相对报酬的影响。虽然传统的经济学一直认为人是自利的"经济人"，但是越来越多的经济学家也逐渐认识到人不仅具有自利偏好还具有公平偏好。经典的博弈实验如最后通牒博弈实验、礼物交换博弈实验、信任博弈实验、独裁实验和公共品博弈实验都能证明人具有公平偏好这一特性。

美国心理学家亚当斯（J. S. Adams）在 1956 年从行为学角度创立了著名的公平理论来解释人们的公平感是如何影响人们行为的，较好地说明了分配的公平性感知与员工后续行为的关系。

绝对的公平是不存在的，员工对报酬的公平感主要取决于员工个人所得和工作投入之比与某一衡量标准相比是高还是低（相对公平）。这个衡量标准可以来自组织内部其他员工或组织外部员工（与他人比较称为横向比较），也可以是自己在不同时期的所得与投入之比（与自己的比较称为纵向比较），还可以是自我价值的评价或是组织所做出的承诺等。员工的工作所得主要包括工资水平、机会、奖励、表扬、晋升、地位以及其他报酬，投入主要包括工龄、性别、所受的教育和培训、经验和技能、资历、对工作态度等方面因素。人们对公平的感知及其行为的影响如图 3 - 3 所示。

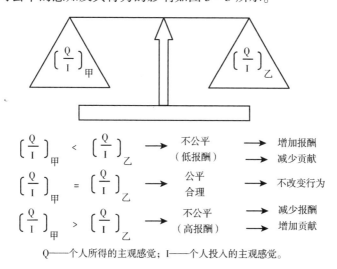

Q——个人所得的主观感觉；I——个人投入的主观感觉。

图 3 - 3 公平的感知

人们希望自己的投入与所得之间能保持平衡状态。对经理人员来说，如果比较之后感觉他人的所得——投入比高于自己时，就会觉得对自己的补偿不足。在这种情况下，有可能导致以下结果：①要求提高自己的报酬水平；②减少自己的投入，降低努力程度，在极端的情况下将发展成为辞职；③改变自己的参照对象或理性的认为这种不公平是不重要的。在第一种情况下，如果经理不可能要求增加薪酬，那么他就有可能通过其他的方法和方式获得额外收益，也就是出现管理防御行为；在第二种情况下，如果经理不打算辞职，那么降低努力程度也很有可能损害企业和股东利益。但是如果经理的公平感认为自己得到的报酬高于他人，也有可能引发职位固守的动机，虽然从主观来说只是要保证自己不被解聘，但是结果可能会给企业带来损失。

早在1980年法玛在对经理人员薪酬与公司绩效之间的关系进行研究时就发现支付高额薪酬将有助于降低经理人员危害股东权益的行为，即可降低代理成本，此后墨菲（1985）、安特尔和史密斯（Antle & Smith，1986）、付（Fu，2001）的研究也均支持此观点。但是施莱弗和维什尼（1989）、克里斯蒂和齐默尔曼（Christie & Zimmerman，1994）则认为经理为了追求自身利益最大化会倾向于从事高报酬高风险的方案，因为一旦项目成功经理可以得到较高的报酬，而增加的风险则转由股东来负担，因此提高经理人员的薪酬无法降低公司的代理问题，反而会增加公司整体的违约风险。国内某些学者认为高管薪酬与公司业绩之间是不相关或弱相关关系；某些学者的研究则表明，管理层薪酬与公司业绩之间呈现出一定的相关性。由此可见，经理的报酬水平会影响到经理的心理和行为选择，但是报酬水平能否解决两权分离所导致的代理问题还尚在研究之中。因此史密斯和沃茨（Smith & Watts，1992）的研究指出合理的企业奖酬计划才能促使高管人员与股东利益趋于一致，进而降低企业内部的代理成本。

3.2.3　公司治理对管理防御动机的影响

前面在使用成就动机对管理防御产生的动机进行分析时提及，经理对任务成功的可能性 P_S 的判断将直接影响动机的强度和决策的效率。任务成功的可能性 P_S 与经理主观认为的期望值 E（对实现目标可能性大小的估计）密切相关，在企业实践中，经理对 P_S 和 E 的判断主要取决于来自组织内外部的职位威胁。外部威胁主要来自外部接管和并购，内部的威胁则来自公司内部的职位解聘。与公司内部治理制度相比，公司外部控制机制对经理的控制力要差得多。正如詹森（1993）所认为的："尽管产品市场和要素市场的最终作用在所难免，但作为控制力量还是太迟缓了。"此外，由于我国企业的接管和并购与国外有很大不同，而且相对发生较少，因此，本书仅分析具有共性的公司治理制度对经理主观认为对实现目标可能性大小（即期望值 E）的影响。

根据《中华人民共和国公司法》的规定，股东大会是股份有限公司的权力机构，股东大会的职权包括：决定公司的经营方针和投资计划；选举和更换非由职工代表担任的董事、监事，决定有关董事、监事的报酬事项；审议批准董事会的报告；审议批准监事会或者监事的报告；审议批准公司的年度财务预算和决算方案；审议批准公司的利润分配方案和弥补亏损方案；对公司增加或者减少注册资本作出决议；对发行公司债券作出决议；对公司合并、分立、变更公司形式、解散和清算等事项作出决议；修改公司章程；公司章程规定的其他职权。股份有限公司应当设立董事会，并对股东大会负责，董事会的职权包括：召集股东大会，并向股东大会报告工作；执行股东大会的决议；决定公司的经营计划和投资方案；制订公司的年度财务预算和决算方案；制订公司的利润分配方案和弥补亏损方案；制订公司增加或者减少注册资本以及发行公司债券的方案；制订公司合并、分立、变更公司形式、解散的方案；决定公司内部管理机构的设置；决定聘任或者解聘公司经理及其报酬事项，并根据经理的提名决定聘任或者解聘公司副经理、财务负责人及其报酬事项；制订公司的基本管理制度；公司章程规定的其他职权。吴敬琏认为："所谓公司治理结构，是指由所有者、董事会和高级执行人员即高级经理三者组成的一种组织结构。在这种结构中，上述三者之间形成一定的制衡关系。通过这一结构，所有者将自己的资产交由公司董事会托管；公司董事会是公司的决策机构，拥有对高级经理人员的聘用、奖惩和解雇权；高级经理人员受雇于董事会，组成在董事会领导下的执行机构，在董事会的授权范围内经营企业。"

公司治理机制是为了解决企业中因两权分离导致的代理问题而出现的各种激励和约束机制，这些制度被用来对经理的行为进行激励、制约和监督以保证经理的各种经营行为是符合股东利益最大化原则。目前对治理机制的研究主要围绕大股东控制、董事会结构和经理层报酬契约等内容。在企业实践中，公司内部治理机制能否发挥应有的作用和效果，实现对经理的有效监督，及时发现并对经理的非股东价值最大化行为并进行惩罚是与多种影响因素相关的。公司治理机制的有效性将直接影响经理主观认为的采取自身利益最大化行为损害股东利益时是否会受到惩罚或被解聘的可能性的估计，也就是经理管理防御动机期望值 E 的大小。由于我国企业中行使经理的聘任和监督的机构主要是董事会（对股东大会负责），因此与经理管理防御行为相关的公司治理机制的因素主要包括公司股权结构和董事会特征，此外，经理的持股比例和经理自主度等也会影响到经理的心理判断。

3.2.3.1 公司的股权结构

股权结构是公司治理中的基础性问题，主要包括股权集中度和股权性质两个层面的内容。股权集中度（concentration ratio of shares）是指全部股东因持股比例的不同所表现出来的股权集中还是分散的数量化指标，是衡量公司股权分布状态的主要指标，通常用前五大股东或前十大股东持股比例之和或平方和表示。在股权集中度与公司治理效应关系的研究中，国内外学者至今尚未形成统一的观点。某些学者的研究认为股权集中度与公司治理效应之间存在显著的相关关系（即使认为相关，研究者的意见也不统一，有些认为两者是正线性相关，有些认为是负线性相关，有些认为非线性相关）；而另外一些学者的研究则认为两者之间不存在相关关系。因此股权结构中主要是股权性质会对经理人员的心理判断产生影响。

　　在我国，由于历史和制度的原因，上市公司大部分是由国有企业或集体企业通过股份制改造分拆上市而来的，股权性质按照投资主体的不同可以分为国家股、法人股（包括国有法人股）和社会公众股。虽然近年上市公司不断进行股权改革，国有股的比重有所下降，但是我国企业国有股"一股独大"的特征仍然非常显著。这种股权结构特征不仅形成国有股的大股东支配地位，排挤其他小股东无法行使各种监督和治理职能，而且更严重的是出现了所有者缺位现象。这是因为代表国有股东的是相关持股机构、政府相关管理部门和上级集团公司等组织，这些部门和机构都不能真正发挥股东的监管作用，因此出现了事实上的所有者缺位，在这种情况下，无论采取何种方式的治理均是无效的，而且大股东占据支配地位使董事会成员的选举得不到应有的权力制衡，其他小股东无法进入董事会（或很少进入，无法达到董事会成员的半数），更不用说发挥监管作用。孙和童（Sun & Tong，2003）的研究认为国家股比例对公司绩效具有负面效应，而法人股比例对公司绩效具有积极效应。国内学者岳云霞的研究表明，国有股比例同上市公司违规操作行为之间存在显著的"U"型关系。当国有股比例较低时，国家持股的增大会使上市公司进行违规操作的可能性增大；当国有股比例超过66%之后，其比例的进一步上升会对上市公司违规行为有所抑制，而我国目前数年中上市公司国有股平均比重为41.63%，这说明发现国有股对违规操作行为的普遍存在负有一定责任。因此国有股比例相对较高的企业，股东大会和董事会无法正常行使必要的公司监管和治理，经理的管理防御行为不容易被发现和受到惩罚。

3.2.3.2 公司的董事会特征

根据《公司法》中的规定，董事会依法成立，负责公司日常的经营活动、内部治理和经理任免等，并对股东大会负责。董事会特征包括董事会规模、董事会独立性、董事长和总经理两职设置、董事会行为和委员会设立等方面的内容。利普顿和洛尔施（Lipton & Lorsch，1992）的研究指出，大多数董事会的行为是无用的，因为董事很少批评高级经理层或对公司业绩进行公正的讨论，叶马克（Yemack，1996）的实证研究也证明了这一点。虽然如此，但公司董事会能否在公司治理中发挥应有的治理作用主要还取决于董事会独立性的高低和董事长与总经理的两职设置。

董事会的独立性与董事的成员结构密切相关。由于内部董事自身利益会受到来自公司内部的影响，因此从某种程度上来说内部董事和公司经理的利益联系比较密切，相对而言来自公司外部的董事为了建立和维持其专业声誉资本，独立行使职权的诱因较强，因此能发挥较强的监督机制。布里克利和詹姆斯（Brickley & James，1997）的研究发现，经理的在职消费数量与外部董事在董事会中的比例呈负相关关系，罗森斯坦和怀亚特（Rosenstein & Wyatt，1990）的研究也发现董事会独立性与公司绩效存在显著的正相关关系。国内学者吴淑焜（2004）等则发现董事会独立性与公司绩效的相关关系是有条件的，即股权集中度与非执行董事比例的交叉反应与公司绩效正相关，负债率与非执行董事比例的交叉反应与公司绩效负相关。因此董事会的独立性越高，经理从事管理防御行为被发现和受到惩罚的可能性也就越大。

对于董事长与总经理的两职设置，虽然按照证监会对规范公司治理的要求，上市公司的董事长和总经理应该两职分离，但在实际上仍有很多上市公司存在着董事长和总经理两职兼任的现象。两职兼任使总经理对董事会的控制力增强，也导致公司内部治理机制对经理的控制力减弱，这样即使经理出现损害公司和股东利益的管理防御行为，被发现和被解聘的可能性也很小。因此董事长和总经理

的两职兼任现象会增加经理心理上对管理防御行为实现的期望值 E
大小的估计。

3.2.3.3　经理的持股比例

管理防御假说起源于内部控制人持股与公司业绩之间的关系研
究，因此管理防御理论与经理持股有着紧密的联系。詹森和梅克林
（1976）的利益趋同假说（convergence-of-interests hypothesis）认为，
由于股份公司的股权广泛分散，股东不能对经理层的非公司价值最
大化自利行为采取抵制行动，因此经理层可以通过控制公司的资产
谋取薪酬之外的额外收益（当然这种行为会损害股东利益）；但是随
着经理层持股比例的增加，他们在获取额外收益损害股东利益的同
时也使自身利益受到影响，因此管理层持股比例的增加有利于降低
经理与股东之间由于委托代理问题形成的代理成本，促使两者的利
益趋向协调一致。但是法玛和詹森（1983）认为，经理层具有较高
水平的持股比例会减少公司股份的市场流动性，减少投资者分散化
的机会，同时经理却拥有足够的投票表决权和企业影响力，这是由
于职位的安全稳固使他们在经营中更加注重自身利益，即使出现非
公司价值最大化的行为也不会被解聘或受到惩罚。

第 2 章已经述及，国外的实证研究已经证明，经理持股比例和
公司业绩托宾 Q 值之间并非正相关，而且当经理持有较高比例的公
司股份时，在公司经营业绩很差的情况下被更换的概率却呈下降
趋势。

李佳玲（2005）的研究表明，不良业绩公司的经理离职概率较
高，但是当经理拥有的股权比例大于 5% 时，公司业绩与经理离职概
率之间的显著负相关关系不再存在。赵超（2005）等对我国 1997 ~
2003 年 489 家上市公司业绩与经理变更关系的研究发现，总经理持
股比例与其强制变更之间具有显著的反向关系（P < 0.0001），即总
经理持股比例越高，越不容易被替换。

以上的理论和实证研究均表明，经理持股制度本来是作为增
加激励、降低代理成本的手段出现，但是如果达到一定比例，反

而成为经理为自身谋取额外利益的工具。这是因为持股比例越高，经理的控制权地位越高，即使有损害公司价值最大化的管理防御行为也不会被替换。因此，在一定范围之内，经理的持股比例越高，经理主观认为的期望值 E 越高，经理管理防御动机也越强。

对于我国的上市公司，经理持股制度的实行尚不广泛，经理持股的比例很小，而且人均持股比例也在 0.01% 以下，距离国外研究成果所显示的经理持股水平还有较大的差距，所以在目前来看经理持股比例还不会影响到经理主观认为的期望值 E。

3.2.3.4 经理自主度

经理自主度（managerial discretion），也称为管理自由度、经理自主权，是指企业经理人员在决策和实际采取行动过程中所拥有的权力和行为空间的大小，它由企业的外部环境特征、内部组织特征以及经理人员自身特性等多方面因素共同决定（Hambrick，1987）。由于经理是公司内部治理和管理的联结，是企业关键资源配置权的直接拥有者，因此经理自主度对企业的投资决策有着重要的影响。自伯利和米恩斯（1932）揭示了现代企业中的两权分离现象后，包括鲍莫尔（Baumol，1959）、詹森和梅克林（1976）、汉里布克和芬克尔斯坦（1987）在内的众多学者都对经理自主度问题进行了研究。在公司制企业中，作为所有者的股东，除保留通过股东大会制度行使最终控制权外，将剩余控制权绝大部分授予董事会；董事会保留"决策控制"权而将"决策管理"权授予经理，董事会代表全体股东的利益，经理人员向董事会负责。目前随着技术革新和管理专业化引发了企业组织结构形式的深刻变化，而且公司的股权越来越分散，企业的控制权逐渐转入管理者手中。阿吉翁和梯若尔（1992）就将公司控制权划分为名义控制权（formal authority）和实际控制权（real authority），这种分类也表明了享有控制权与行使控制权的差异。国内学者周其仁（1997）认为，公司控制权可以被理解为排他性使用公司资产，特别是利用公司资产从事投资与市场运营的决策权，这也表明经理完全可以取代所有者成为公司经营最有影响力的决策人物，支配和控制着公司运营，继而可能出现经营者的决策管理权超越了董事会的决策控制权的现象。因此经理在公司的自主度越高，其各种经营决策活动就越不容易受到限制和监管，管理防御行为就越不易被董事会发现和受到解聘或经济处罚。

3.2.4　各种影响因素的相互作用关系分析

上文对经理产生管理防御的动机和相关影响因素进行了分析，接下来将通过建立动态的激励约束模型对经理的防御动机和影响因素的作用机制做出探讨，并对这些影响因素之间的互相作用关系进行进一步的分析。

3.2.4.1　研究假设

假设 3 - 7：假设经理在任期结束之后如果没有被董事会解聘可以进行连任，在第一期任期内经理可以获得的各种货币和非货币收入报酬总和为 R，若经理获得连任，则经理报酬收入每期的增长率为 $a(0 < a < 1)$；

假设 3 - 8：假设经理在每一期任期内从事管理防御行为被董事会发现的概率为 $\beta(0 < \beta < 1)$，如果被发现则经理被解聘，第一期解聘得到的报酬为 $S(0 < S < R)$，每期的 S 增长率为 a；

假设 3 - 9：假设经理在第一期任期内从事管理防御行为可以获得的各种货币和非货币额外收入总和为 $U(U > 0)$，以后每期 U 的增长率为 $b(0 < b < 1)$；

假设 3 - 10：假设经理没有被解聘的条件下可以连任 t 期，$t \in N$ 且 $1 \leq t \leq 5$；

假设 3 - 11：假设各时期贴现率均为 δ。

3.2.4.2　确定条件下的模型建立

如果经理在各期都没有出现管理防御行为，那么他将连任 t 期，在此期间获得的报酬收益现值为：

$$E_1 = R + R(1+a)\delta + \cdots + R(1+a)^{t-1}\delta^{t-1} \tag{3.22}$$

如果经理在第 t 期出现了管理防御行为被董事会发现并解聘，在此期间获得的报酬收益现值为：

$$E_2 = R + U + R(1+a)\delta + U(1+b)\delta + \cdots + S(1+a)^{t-1}\delta^{t-1}$$
$$+ U(1+b)^{t-1}\delta^{t-1} \tag{3.23}$$

如果经理出现了管理防御行为没有被董事会发现解聘，连任 t 期获得的期望报酬收益现值为：

$$E_3 = R + U + R(1+a)\delta + U(1+b)\delta + \cdots + R(1+a)^{t-1}\delta^{t-1}$$
$$+ U(1+b)^{t-1}\delta^{t-1} \tag{3.24}$$

为了简化计算，设 $v = (1+a)\delta$，$w = (1+b)\delta$，则有：

$$E_1 = R + Rv + \cdots + Rv^{t-1} = R\frac{v^t - 1}{v - 1} \tag{3.25}$$

$$E_2 = R + U + Rv + Uw + \cdots + Sv^{t-1} + Uw^{t-1}$$
$$= R\frac{v^{t-1} - 1}{v - 1} + U\frac{w^t - 1}{w - 1} + Sv^{t-1} \tag{3.26}$$

$$E_3 = R + U + Rv + Uw + \cdots + Rv^{t-1} + Uw^{t-1}$$
$$= R\frac{v^t - 1}{v - 1} + U\frac{w^t - 1}{w - 1} \tag{3.27}$$

比较 E_1、E_2 和 E_3 的大小如下：

$$E_2 - E_1 = U + Uw + \cdots + (S - R)v^{t-1}$$
$$= U\frac{w^t - 1}{w - 1} - (R - S)v^{t-1} \tag{3.28}$$

$$E_3 - E_1 = U + Uw + \cdots + Uw^{t-1}$$
$$= U\frac{w^t - 1}{w - 1} > 0 \tag{3.29}$$

$$E_3 - E_2 = (R - S)v^{t-1} > 0 \tag{3.30}$$

根据前面的分析，$E_3 > E_1$，$E_3 > E_2$，说明经理实施了管理防御行为而没有被董事会发现解聘，连任 t 期获得的收益现值要高于没有进行管理防御连任 t 期的收益现值或出现了管理防御行为被董事会发现并解聘所获得的收益现值，这也从收益的角度解释和证实了经理进行管理防御行为的动机和原因。但是对于 E_2 和 E_1 的大小关系还需要进行一些分析。

式（3.28）意味着只有当 $\dfrac{R-S}{U} < \dfrac{w^{t-1}-1}{(w-1)v^{t-1}}$ 时 $E_2 > E_1$，这说明经理从事管理防御行为依然存在着一定的收益风险，如果被发现遭到解聘所得到的收益现值有可能少于没有出现管理防御行为而连任 t 期的收益现值。这从收益的角度说明了经理进行管理防御行为必须获得额外收入 U 的必然性，只是对于不同的经理心理和需要而言，U 可以是货币收入，也可以是非货币收入。

3.2.4.3　非确定条件下的模型建立

同样设 $v = (1+a)\delta$，$w = (1+b)\delta$，分析各种情况如下：

经理在各期都没有出现管理防御行为，那么他将连任 t 期，则其期望总效用为：

$$E_4 = R + Rv + Rv^2 \cdots + Rv^{t-1} = R\,\frac{v^t-1}{v-1} \tag{3.31}$$

经理在出现管理防御行为，则其期望总效用为：

$$\begin{aligned}
E_5 &= \beta S + (1-\beta)(U+R) + \beta Sv + (1-\beta)(Uw + Rv) \cdots + \beta Sv^{t-1} \\
&\quad + (1-\beta)(Uw^{t-1} + Rv^{t-1}) \\
&= \beta S(1 + v + \cdots + v^{t-1}) + (1-\beta)U(1 + w + \cdots + w^{t-1}) \\
&\quad + (1-\beta)R(1 + v + \cdots + v^{t-1}) \\
&= \beta S\,\frac{v^t-1}{v-1} + (1-\beta)U\,\frac{w^t-1}{w-1} + (1-\beta)R\,\frac{v^t-1}{v-1} \tag{3.32}
\end{aligned}$$

比较两种情况下期望总效用的大小：

$$\Delta E = E_5 - E_4 = (1 - \beta) U \frac{w^t - 1}{w - 1} - \beta (R - S) \frac{v^t - 1}{v - 1} \qquad (3.33)$$

ΔE 是经理从事管理防御行为获得的额外收益效用，在其他条件一定的情况下，ΔE 的数值越大意味着经理从事管理防御行为获得的额外收益就越大，因此对 ΔE 进行分析就可以对影响经理管理防御心理的动机和各影响因素之间的关系进行进一步的探讨和研究。

3.2.4.4 结果分析

为了对 ΔE 和涉及的因素进行关联分析，对式（3.33）进行求导以判断函数之间的单调增减关系：

$$\frac{\partial \Delta E}{\partial \beta} = - U \frac{w^t - 1}{w - 1} - (R - S) \frac{v^t - 1}{v - 1} < 0 \qquad (3.34)$$

由于 $U > 0$，$\frac{w^t - 1}{w - 1} > 0, R > S > 0$，$\frac{v^t - 1}{v - 1} > 0$，因此 $\frac{\partial \Delta E}{\partial \beta} < 0$，这表明经理从事管理防御行为获得的额外收益与被董事会发现的概率呈反向关系，也证明了公司治理制度是否有效将对经理从事管理防御行为的收益期望造成直接影响，从而可以间接影响经理是否从事管理防御行为的心理判断。

$$\frac{\partial \Delta E}{\partial U} = (1 - \beta) \frac{w^t - 1}{w - 1} > 0 \qquad (3.35)$$

由于 $0 < \beta < 1$，$\frac{w^t - 1}{w - 1} > 0$，因此 $\frac{\partial \Delta E}{\partial U} > 0$，这说明经理从事管理防御行为的动机与其获得的额外收益呈正向关系，在其他条件一定的情况下获得的额外收益越高，经理越有动机从事损害公司和股东利益的管理防御行为。

$$\frac{\partial \Delta E}{\partial R} = - \beta \frac{v^t - 1}{v - 1} < 0 \qquad (3.36)$$

由于 $\beta > 0$，$\frac{v^t - 1}{v - 1} > 0$，因此 $\frac{\partial \Delta E}{\partial R} < 0$，这说明经理从事管理防御

行为的动机强度与其获得的正常报酬呈反向关系，从另一个角度来说，如果经理正常经营获得的各种货币和非货币收入是足够多的（从经理的心理角度而言），那么经理从事管理防御行为获取额外收益的动机就会减弱。

$$\frac{\partial \Delta E}{\partial S} = \beta \frac{v^t - 1}{v - 1} > 0 \qquad (3.37)$$

由于 $\beta > 0$，$\frac{v^t - 1}{v - 1} > 0$，因此 $\frac{\partial \Delta E}{\partial S} > 0$，这说明经理从事管理防御行为的动机强度与其被发现后解聘所获得的报酬呈正向关系，也就是说，经理从事管理防御活动一旦被董事会发现遭到解聘得到的收入越高则经理从事管理防御行为的动机也会越高，因为即使被解聘也能获得一定的收入弥补报酬上的损失，这也说明公司治理制度中惩罚机制是必要和必需的。

$$\frac{\partial \Delta E}{\partial t} = (1 - \beta) U \frac{w^t \ln w}{w - 1} - \beta (R - S) \frac{v^t \ln v}{v - 1} \qquad (3.38)$$

从模型来看，ΔE 和 t 的关系比较复杂，为了研究的方便，假设 $v = w$（即 $a = b$），得到如下结果：

$$\begin{cases} \beta < \dfrac{U}{U + R - S} & \dfrac{\partial \Delta E}{\partial t} > 0 \qquad (3.39) \\[3mm] \beta > \dfrac{U}{U + R - S} & \dfrac{\partial \Delta E}{\partial t} < 0 \qquad (3.40) \end{cases}$$

该结果说明，经理预期连任的时期 t 与经理的管理防御心理密切相关，在预期的报酬增长率和额外收益增长率相等的情况下（即 $a = b$），经理从事管理防御行为的动机强弱显然与被发现和解聘的概率 β 的大小相关，而对 β 大小的判断又依赖于 $\frac{U}{U + R - S}$ 的比率大小。分析结果表明经理预期连任的时期 t 对管理防御心理没有直接的影响关系，但有间接的判断影响。从实际情况来说，经理在刚任职期间由于对企业和未来情况判断的不确定，从事管理防御行为获得额外收益的可能性和动机比较强，但经过一段时间的任职，如果经理判断自己可以连任较长的时间则可能更关注企业的未来发展而减少损害企业利益的短期管理防御行为。

$$\frac{\partial \Delta E}{\partial v} = -\beta(R-S)\frac{1+v^{t-1}\left[(t-1)v-t\right]}{(v-1)^2} \qquad (3.41)$$

$$\frac{\partial \Delta E}{\partial w} = (1-\beta)U\frac{1+w^{t-1}\left[(t-1)w-t\right]}{(w-1)^2} \qquad (3.42)$$

考虑 $v=(1+a)\delta$，$w=(1+b)\delta$，$0<a<1$，$0<b<1$，$0<\delta<1$，则 v 和 w 的大小均不会过多地偏离 1，因此 $\frac{\partial \Delta E}{\partial v}<0$，$\frac{\partial \Delta E}{\partial w}>0$。$\frac{\partial \Delta E}{\partial v}<0$ 说明经理获得的报酬收入的现值大小与经理的管理防御动机强度呈反向关系；$\frac{\partial \Delta E}{\partial w}>0$ 说明经理从事管理防御行为获得的额外收益的现值大小与经理的管理防御动机强度呈正向关系。这两个不等式从两个不同的角度证明了经理报酬收入越高，从事管理防御行为的动机越弱；经理从事管理防御行为获得的额外收益越高，从事管理防御行为的动机越强。

前述对式（3.34）~式（3.42）的计算结果分析表明，β、R、v 的大小与经理的管理防御动机呈反向变动关系；U、S、w 的大小与经理的管理防御动机呈正向变动关系；而任期 t 与经理的管理防御动机关系比较复杂。从这些影响因素的互相作用的角度来说，β、R、v 三者的同方向减少或 U、S、w 三者的同方向增加均可以引发经理管理防御动机的增强。

3.3　本章小结

在企业实践中，经理要同时面对来自内部控制制度和外部兼并接管的双重压力和风险，在面临经营决策时，各种心理动机和活动将综合影响经理的最终决策行为，反映在投资领域就是出现各种非效率投资决策，但是这种心理过程是不能被直接观察和研究的，因此，本章综合采用管理学中的人性假设理论、心理学中的阿特金森期望价值成就动机模型和经济学中的委托代理理论的基本模型和框架从多个角度对经理产生管理防御的动机和原因进行了分析，研究结果表明：成就动机中避免失败的心理是引发管理防御动机的内在原因；信息不对称导致的风险和激励是引发管理防御动机的外在原因；自利性是引发经理管理防御动机的本质原因。反映在投资决策中，经理避免失败的心理是引发企业非效率投资行为的内在原因；投资决策过程中的信息不对称导致的风险和激励是引发非效率投资行为的外在原因。

为了对经理管理防御动机的影响因素进行进一步分析，本章采用激励理论中的期望理论对经理的管理防御动机进行了分析，根据该理论，动机取决于效价和期望值两个因素，即：$M = V \times E$。其中，M 是动机的强度，效价 V 是个体对行动产生结果重要性的主观评价，期望值 E 是个体对实现目标可能性大小的估计。根据引起经理管理防御动机的效价 V 和期望值 E 的不同，将经理管理防御动机的影响因素分为两类：一类是通过影响效价 V 最终影响经理管理防御动机的强度；另一类是通过影响期望值 E 最终影响经理管理防御动机的强度。对效价 V 的分析主要围绕经理自身特征进行，包括经理的人力资本专用性、年龄、学历、任期、专业和职业经历和报酬水平等内容；对期望值 E 的分析主要围绕公司内部治理机制的角度进行，包括公司的股权结构、董事会特征、经理的持股比例和经理自主度等内容。

为了对各影响因素的作用进行分析，本章采用建立函数模型的方法对经理从企业获得的报酬收入（R）、从事管理防御行为被发现的概率（β）、从事管理防御行为被发现解聘得到的报酬（S）、从事管理防御行为获得的额外收益（U）、经理的任期（t）、经理从企业获得的报酬收入的现值系数（v）和经理从事管理防御行为获得的额外收益的现值系数（w）等方面对经理从事管理防御行为的动机进行了分析，分析结果表明：β、R、v 的大小与经理的管理防御动机呈反向变动关系；U、S、w 的大小与经理的管理防御动机呈正向变动关系；而 t 与经理的管理防御动机关系比较复杂。该部分分析也为第 7 章从公司内部控制机制的角度分析降低和预防经理管理防御行为的激励和约束对策与建议提供了理论依据和思考方向。

第4章 基于管理防御的企业非效率投资行为的信号传递模型分析

　　企业的投资行为是否有效率将直接关系到企业价值是否最大化，但在现实中由于信息不对称和委托代理问题的存在，企业并非完全按照净现值法进行投资，很多企业都不同程度地存在着非效率投资的行为。非效率投资是不以企业或股东价值最大化为目标的投资行为，通常包括过度投资、投资不足、投资短视、"敲竹杠"长期投资和多元化折价投资等行为。詹森和梅克林的研究表明，股东与经理之间存在着利益冲突，这种利益冲突所引起的代理问题反映在企业投资领域就是各种非效率的投资行为。国内学者袁春生、杨淑娥认为以总经理或总裁为首的高层经营管理者维护和巩固控制权地位的管理防御动机是导致企业过度投资、投资不足、投资短视、敲竹杠长期投资和多元化折价投资等非效率投资行为的重要原因。

　　在第1章已经指出，以上对非效率投资行为类型的划分并不是排他性划分，一种非效率行为有可能同时也是另一种非效率投资行为。例如，别布丘克（Bebchuk，1993）等的研究认为，经理将利用投资过程中的信息不对称进行有利自身的投资决策，如果外部投资者不能合理评估企业的最佳投资水平，经理就会过度投资短期项目而造成长期项目投资不足；如果外部投资者不能合理评估的是投资项目的收益水平，经理就会倾向于对长期项目进行过度投资。为了区分企业的非效率投资行为，本章规定投资短视与"敲竹杠"长期投资这两种非效率投资行为的出现均是在两种投资方案中选择净现值较小但却大于零的项目，以此来区分这两种投资行为与过度投资行为。但是过度投资、投资不足、投资短视、"敲竹杠"长期投资这四种行为均有可能是多元化折价投资中的一部分，因为多元化投资有时是一种经营策略，包括在多个领域的投资决策，如果在这个过程中出现了过度投资、投资不足、投资短视、"敲竹杠"长期投资这四种行为中的一种或多种就是多元化折价投资。

4.1 信号传递博弈的研究思路

自 1994 年三位博弈论（game theory）专家纳什（Nash）、泽尔腾（Selten）和海萨尼（Harsanyi）获得诺贝尔经济学奖以来，博弈论已经不单纯是一种数学的方法，而逐渐成为主流经济学的重要组成部分，甚至可以说成为微观经济学的基础。博弈论进入主流经济学，也反映了经济学发展的三个趋势：第一，经济学研究的对象越来越转向个体，放弃了一些没有微观基础的假定条件而是一切从个人效用函数及其约束条件，解约束条件下的个人效用最大化问题而导出行为及均衡结果，这正是博弈论研究的范式；第二，经济学越来越转向对人与人关系的研究，特别是对人与人之间行为的相互影响和作用、人们之间的利益冲突与一致、竞争与合作的研究；第三，经济学越来越重视对信息的研究，特别是信息不对称对个人选择及制度安排的影响。经济学的这些发展特点都与博弈论的研究思路和范式不谋而合，因此，著名的经济学家梯若尔曾经指出："正如理性预期使宏观经济学发生革命一样，博弈论广泛而深远地改变了经济学家的思维方式。"

博弈论是研究决策主体的行为发生直接相互作用时的决策以及这种决策的均衡问题的，从这个定义来说，经理与股东（或外部投资者）之间的行为均受到对方行为与决策的相互影响，通过对均衡的分析可以发现非效率投资行为出现的原因以及经理固守职位的动机与非效率投资行为之间的作用机制，因此，本章将采用博弈理论对企业的非效率投资行为进行分析，以揭示经理的管理防御动机如何导致企业的非效率投资行为，以及管理防御动机与各种非效率投资之间的相互关系和作用机制。

按照参与人行动的先后顺序和参与人对有关其他参与人的特征、战略空间及支付函数的知识是否完全了解可以将非合作博弈划分为四种类型：完全信息静态博弈、完全信息动态博弈、不完全信息静态博弈和不完全信息动态博弈。

企业出现非效率投资行为的根源就在于信息的不对称，如果股东或企业外部投资者对投资项目的信息和经理的能力信息是完全知晓的（即完全信息），那么经理就不可能做出损害股东利益的非效率投资决策，因为这样他将受到股东的惩罚或外部投资者的撤资；此外，由于经理的经营和股东或外部投资者的行动并不是同时的，因此对基于管理防御的企业非效率投资行为的博弈分析一定是不完全信息动态博弈（dynamic game of incomplete information）类型。

信号传递博弈（signaling game）是一种比较简单但有广泛应用意义的不完全信息动态博弈。使用该博弈模型可以对不完全信息状态下的各参与人的行为和收益进行均衡分析以了解各参与人的最优选择。

在信号传递博弈中，有两个参与人（$i = 1, 2$）；参与人 1 称为信号发送者，参与人 2 称为信号接收者；参与人 1 的类型是私人信息，参与人 2 的信息是公共信息（即只有一个类型）。博弈的顺序如下：

（1）"自然"首先选择参与人 1 的类型 $\theta \in \Theta$，其中 $\Theta = \{\theta_1, \cdots, \theta_k\}$ 是参与人 1 的类型空间，参与人 1 知道自己所属的类型 θ，但参与人 2 不知道，只知道参与人 1 属于 θ 的先验概率 $p = P(\theta)$，$\sum P(\theta) = 1$。

（2）参与人 1 在观测到类型 θ 后选择发出信号 $m \in M$，其中 $M = \{m_1, \cdots, m_k\}$ 是信号空间。

（3）参与人 2 观测到参与人 1 发出的信号 m 后（但不是类型 θ），使用贝叶斯法则从先验概率 $p = P(\theta)$ 得到后验概率 $p' = P(\theta/$

m)，然后选择行动 $a \in A$，其中 $A = \{a_1, \cdots, a_h\}$ 是参与人 2 的行动空间。

（4）支付函数分别为 $u_1(m, a, \theta)$ 和 $u_2(m, a, \theta)$。

从这个模型可以看出，因为参与人 1 的行动是类型依存的，参与人 1 的行动将向参与人 2 传递着有关自己类型的某种信息，参与人 2 可以通过观察参与人 1 所选择的行动来修正先验概率，然后选择自己的最优行动。参与人 1 预测到自己的行动将被参与人 2 所利用，就会设法选择传递对自己最有利的信息，避免传递对自己不利的信息，因此博弈过程不仅是参与人选择行动的过程，也是参与人不断修正概率的过程。

4.2　基于信号传递博弈的企业投资行为分析

过度投资是指在投资项目净现值小于零的情况下，决策者仍然实施投资的一种现象。第 2 章已经对企业出现过度投资行为的原因进行了理论综述，这里不再赘述。国内外的大量研究均认为，无论是出于对稳固职位还是获取更多额外私人利益的考虑出发，经理都有动机对外进行扩张性投资以扩大企业的经营规模而不考虑这些投资是否能为企业带来效益，是否符合股东利益，如果此时投资项目的净现值小于零，就产生了过度投资行为。与过度投资相反，投资不足是指在投资项目净现值大于零的情况下，决策者却放弃投资的一种现象。这两种投资行为虽然都是不以企业或股东价值最大化为目标的非效率投资行为，但经理在是否投资的决策中的表现却刚好相反，显然有一些共同的原因影响到了经理的管理防御心理，这种特点使我们在进行博弈模型的均衡分析时无法将这两种投资行为完全割裂，因此在对过度投资的模型进行分析时很有可能会引出对投资不足的分析。

纳拉亚南（1988）认为，当企业的外部（潜在）投资者与内部经营者之间在企业投资项目的价值方面存在信息不对称时，企业可能实施净现值小于零的项目，即发生过度投资现象。这是因为外部（潜在）投资者对投资项目的净现值信息是不完全的，因此形成的公司外部股票的均衡价格是包含许多具有不同的以平均价值估价发行股票的净现值项目的混合均衡，这样企业在投资项目上的亏损可以从被高估的股票发行中所获得的收益进行弥补。

施特罗布尔（Strobl，2003）从并不依赖于经理从控制更多资产中获得非金钱的私人利益的假设出发，其研究结果认为不是经理人而是公司的股东有过度投资的动机。通过增加投资规模，公司可以向外部投资者提供一种经营良好的信息传递以提高公司股价，股东则可以通过股价高低来判断经理人的努力水平，这样股东能设计出更有效的经理报酬契约（compensation contracts），有利于降低代理成本。这时无论是经理还是股东更关心的是公司的投资规模而不是项目的净现值，因此这时容易出现过度投资的非效率投资行为。这一研究结果与詹森（1986）的"自由现金流假说"中认为的经理过度投资的原因有所不同。

根据以上的研究理论，对于上市公司，相比公司实际的投资和经营业绩，股东可能更关注公司的股票价格，因为即使公司业绩很好，股东也只能根据分红得到红利，但公司股票价值的大小将直接影响股东的个人财富高低。这一理论在我国目前的股票市场上有着直接的例证。我国证监会于 2009 年 10 月 23 日宣布创业板市场正式启动，2009 年 10 月 30 日首批 28 家公司集中上市，在仅仅不到一年时间的 2010 年 9 月中旬，根据公开的信息，在仅有的 100 家创业板上市公司中，已有 40 位高管宣布辞职，这些高管的请辞申请均是在其任期未到期时做出的。其中比较引人注目的就有同花顺公司于 2009 年 12 月 25 日挂牌，到 2010 年 1 月 18 日，该公司监事易晓梅和董事长秘书方超就双双辞职，距离公司上市仅 15 个交易日。对于绝大多数高管辞职的目的，各界普遍认为是为了获得所持有的上市公司股票套现的机会，即使是以放弃上市公司高管的位置为代价。再看看具体数据：2009 年 10 月首批登陆创业板的 28 家公司中，有 19 名高管选择了辞职，他们辞职的时间，平均为上市后 5.2 个月。

对照一下我国现行的高管持股限售的制度规定不难发现，如果高管们不辞职，在创业板公司上市后的 12 个月内不得出售其所持股票，在上市 12 个月后，每年出售的股票不得超过其所持股票的 25%；如果辞职，虽然同样需要遵守上市后 12 个月禁售期的规定，但辞职 6 个月后，即可以不受限制地出售其所持股票了。这也从时间上印证了高管辞职是为了股票变现的推断①。以上资料说明，持有公司股票的股东更关心公司股票的市场价格，如果外部投资者能根据公司经理做出的经营决策来判断或预测公司未来的业绩，并以此作为是否购买该公司股票的决策依据，那么股东将有动机更关注的是经理能否成功地向外部投资者传递有利的信号使他们做出购买股票的决策，这时公司的实际经营业绩反而变得不如股票价格重要。在实践中，经理如果为了使股东满意并且不遭到解聘就必须想办法提高公司的股票价值，除了避免不利的经营信息传递，经理也有动机传递有利于公司业绩的信息以吸引外部投资者购买公司股票。如果经理也持有公司的部分股票，那么提升股票价格就不只是为了股东的私人利益，同时也是为了经理的自身利益。

从理论使用来看，信号传递理论最早由罗斯等（1977）用来分析企业的资本结构和债务融资决策具有的向外部（潜在）投资者传递企业资产经营状况及项目投资机会前景的外部信号传递效应。在这之后，关于资本结构的信号效应理论便被广泛用来分析融资决策中存在的信息不对称。

基于以上的理论和分析，我们可以建立信号传递博弈模型用以分析经理如何利用投资水平的选择来传递企业的业绩信号以吸引外部（潜在）投资者做出购买公司股票的决定。

4.2.1　研究假设

为了更好地控制研究的过程和变量，提出如下假设条件。

---

① 资料来源：http：//finance. ifeng. com/roll/20100927/2656218. shtml

　　企业投资项目的实施和经营最终必须通过经理人员来实现，因此经理在决策和实际行动过程中所拥有的权力和行为空间的大小（即经理自主度）对企业的投资决策有着重要的影响，自伯利和米恩斯揭示了现代企业中的两权分离现象后，包括詹森和梅克林、汉里布克和芬克尔斯坦在内的众多学者都对该问题进行了研究，保持了管理者主导企业的观点。在公司制企业中，控制权是通过契约授权（delegate power）在公司内部配置，作为所有者的股东除保留通过股东大会制度行使最终控制权外，将剩余控制权绝大部分授予董事会；董事会保留"决策控制"权而将"决策管理"权授予经理。目前随着技术革新和管理专业化引发了企业组织结构形式的深刻变化，而且公司的股权越来越分散，企业的控制权逐渐转入管理者手中。阿吉翁和梯若尔就将公司控制权划分为名义控制权（formal authority）和实际控制权（real authority），这种分类也表明了享有控制权与行使控制权的差异。国内学者周其仁认为，公司控制权可以被理解为排他性使用公司资产，特别是利用公司资产从事投资与市场运营的决策权，这表明经理完全可以取代所有者成为公司经营最有影响力的决策人物，支配和控制着公司运营，继而出现经营者的决策管理权超越了董事会的决策控制权的现象。

　　假设4-1：经理对企业投资决策具有决定权。博弈中具有经理和外部（潜在）投资者两个参与人，经理对于投资项目的信息是完全知晓的，但外部（潜在）投资者对投资项目的信息并不了解。

　　假设4-2：假设企业的经营分为两期，第一期经理选择投资水平I，I≥0，企业在投资水平为I时的市场价值为V(I)；企业在第二期的经营总利润为U，U在区间 $[0, \theta]$ 上均匀分布。经理知道自己企业的θ，θ≥0，但外部（潜在）投资者只知道θ的概率分布 $P(\theta)$。

　　假设4-3：由于市场的不确定性和市场风险的存在，投资后企业将有破产的风险，破产概率 $\alpha(0 \leq \alpha \leq 1)$ 与企业投资时付出的投资水平I正相关，即 $\alpha = F(I)$，$F'(I) > 0$。S是企业破产时的破产惩罚，S>0。

假设 4 - 4：经理是否进行投资的信息可以通过向外部（潜在）投资者披露内部信息被外部（潜在）投资者所获得。外部（潜在）投资者在第一期期末根据经理在第一期是否进行投资来判断企业在第二期的利润 θ，对利润较高的企业将选择外部投资购买企业股票，对利润较低的企业则选择不购买股票。企业股票被外部（潜在）投资者购买则企业价值上升。

4.2.2 信号传递博弈模型的构建

在经理与外部（潜在）投资者的信号传递博弈中，经理是参与人1（信号发送者），外部（潜在）投资者是参与人2（信号接收者）。信号传递博弈顺序如下。

（1）第一期经理选择投资水平 I，I≥0，企业在投资水平为 I 时的市场价值为 V(I)；企业在第二期的经营总利润为 U，U 在区间 $[0, \theta]$ 上均匀分布。经理知道自己企业的 θ，θ≥0，但外部（潜在）投资者只知道 θ 的概率分布 p = P(θ)，因此 θ 是企业的类型。用 θ_1 表示企业是低利润业绩类型，θ_2 表示企业是高利润业绩类型。

（2）拥有私人信息的经理选择信号 m(θ)∈M，其中 M = {m_1, m_2} 表示经理的行动空间（信号空间）。m_1 表示经理的决策是低投资水平；m_2 表示经理的决策是高投资水平（这里投资水平的高低是相对而言）。

（3）外部（潜在）投资者在观测到经理发出的信号 m(θ)∈M 后，形成他对企业利润业绩的推断，即后验概率 p′ = P(θ/m)，然后选择行动 a(m)∈A，其中 A = {a_1, a_2} 表示外部（潜在）投资者的行动空间。a_1 表示当外部投资者判断企业是低利润业绩类型时不购买该公司股票，a_2 表示当外部投资者判断企业是高利润业绩类型时购买该公司股票。

（4）对于给定的企业类型 θ，信号 m(θ)∈M，行动 a(m)∈A，外部（潜在）投资者获得的收益为 u_2(m,a,θ)。外部（潜在）投资者购买高利润业绩类型企业股票会获得较高回报，购买低利润业绩类型企业股票会获得较差的回报，即 $u_2(\theta_2) > u_2(\theta_1)$。

（5）经理的目标是最大化企业在第一期的市场价值和第二期的期望价值（减去破产惩罚）的均值 E。

$$E = \frac{1}{2}V(I) + \frac{1}{2}(\frac{\theta}{2} - S\alpha) \qquad (4.1)$$

4.2.3 均衡分析

信号传递博弈的均衡有可能是分离均衡、混同均衡和准分离均衡，因此我们对每种情况下的均衡情况进行分析。

4.2.3.1 分离均衡

如果分离均衡存在则意味着：不同类型的发送者（参与人 1）以 1 的概率选择不同的信号，信号准确地揭示出企业类型。外部（潜在）投资者的后验概率是：

$p(\theta_2/m_1) = 1$，

$p(\theta_1/m_2) = 0$（m_1 是经理的最优行动）；

或者：

$p(\theta_2/m_2) = 1$，

$p(\theta_1/m_1) = 0$（m_2 是经理的最优行动）。

通过观察不难发现无论经理的最优行动是 m_1 还是 m_2，外部（潜在）投资者可以通过经理的选择推断企业类型，因此，无论是高利润还是低利润业绩类型的企业，经理都可以选择最有利的信息来传递信号，但是一旦外部（潜在）投资者购买了低利润业绩类型的企业股票就不是外部（潜在）投资者的最优选择了，因此分离均衡是不存在的。

4.2.3.2 混同均衡

混同均衡意味着不同类型企业的经理（参与人 1）选择相同的

信号，外部（潜在）投资者（参与人2）不修正先验概率。为了分析混同均衡是否存在，对式（4.1）进行一阶函数求导得：

$$\frac{\partial E}{\partial I} = \frac{1}{2}V'(I) - \frac{1}{2}SF'(I) = \frac{1}{2}\left[V'(I) - SF'(I)\right] \quad (4.2)$$

根据式（4.2）可知，当 $\alpha < V(I) \cdot \ln S + c$（$c$ 是常数）时，$\frac{\partial E}{\partial I}$ > 0，即 E 的大小与投资水平 I 正相关。这也就是说，当企业的破产概率小于 $V(I) \cdot \ln S + c$（c 是常数）时，经理选择的投资水平越高，企业在第一期的市场价值和第二期的期望价值（减去破产惩罚）的均值 E 就越大，即使投资项目的净现值小于零，经理仍有动机以最大化 E 投资该项目。因为外部（潜在）投资者不修正先验概率（即 $P(\theta/m) = P(\theta)$），所以无论企业的利润是高还是低，经理在判断破产概率小于心中预期的情况下会尽可能地多进行投资以传递有利于企业利润的信号，吸引外部（潜在）投资者购买公司的股票。

经过分析，混同均衡的情况是存在的，即在经理认为企业破产概率小于心理预期的前提下任何类型企业的经理均选择较高的投资水平 m_2，外部（潜在）投资者根据先验概率来判断是否进行股票购买。在这种情况下，经理并不关心投资项目的净现值是否大于零，因此容易出现过度投资的非效率投资行为。

在现实中，如果经理判断企业的对外投资不会导致企业破产的后果，为了向外部（潜在）投资者传递企业是高利润业绩类型的信号，经理有动机选择较高的投资水平而不考虑投资项目的净现值是否大于零。经理对企业破产概率的判断除了受到投资水平的影响之外，还与破产惩罚对数值的大小正相关，与其他一些因素（如经济发展时期、企业现金流的影响、企业发展周期等可以解释常数 c）有关。

这一结果虽然与墨菲（1985）、施莱弗和维什尼（1989）研究认为的管理层有可能通过扩大公司规模（帝国建造倾向），使经理拥有更多可以控制的资源和提高公司对其依赖的程度，使自身的替换被公司认为付出的成本太大而降低被替换的可能性的结果有所不同，但经理通过过度投资向外部投资者发出信号，这种信号的具体表达除了通过定期向外部投资者披露内部信息以外，公司规模的扩张也是一种很有效的表达方式。例如，在实际中，在上市公司尚未公布财务报表数据之前，公司规模的扩张很可能使外部（潜在）投资者认为企业经营业绩很好而做出购买公司股票的决定。因此，过度投资引起的公司规模扩张不仅可以使经理拥有更多可以控制的资源和提高公司对其依赖的程度，而且可以吸引外部（潜在）投资者购买公司股票，这样即使投资项目的收益不佳，但是股票价格的上升也足以弥补股东的损失。从这个角度来看，股东对股票价格的过分关注也等于是默许了经理的过度投资行为，能提升公司股票价格也使经理的职位得到巩固，相比股东和经理得到的各种收益，投资项目的净现值是否大于零就不那么重要了。这一结果与施特罗布尔（2003）认为的不是经理而是公司的股东有过度投资的动机，无论是经理还是股东更关心的是公司的投资规模而不是项目的净现值，因此这时容易出现过度投资的非效率投资行为的研究成果相符合。

当然，经理的这种思考和行为是建立在企业不会破产的基础之上，如果经理认为企业破产的概率超出心理预期，那么混同均衡就不能实现。

4.2.3.3　准分离均衡

准分离均衡意味着某些企业类型的经理（参与人 1）随机地选择信号，另一些类型的发送者选择特定的信号。如果这种均衡成立，就是说，如果参与人 2 观测到参与人 1 选择了 m_2，就知道企业一定属于 θ_2 类型；如果观测到经理选择了 m_1，虽然不能准确地知道企业的类型，但会推断企业属于 θ_2 类型的概率下降了，属于 θ_1 类型的概率上升了。这种情况下，有：

$$p(\theta_2 / m_2) = \frac{\beta \times p(\theta_2)}{\beta \times p(\theta_2) + 0 \times p(\theta_1)} = 1 \qquad (4.3)$$

$$p(\theta_2/m_1) = \frac{(1-\beta) \times p(\theta_2)}{1 \times p(\theta_1) + (1-\beta) \times p(\theta_2)} < p(\theta_2) \quad (4.4)$$

$$p(\theta_1/m_1) = \frac{1 \times p(\theta_1)}{(1-\beta) \times p(\theta_1) + 1 \times p(\theta_2)} > p(\theta_1) \quad (4.5)$$

（β 是类型 θ_2 的参与人 1 选择 m_2 的概率）

根据式（4.2），当 $\alpha > V(I) \cdot \ln S + c$（c 是常数）时，$\frac{\partial E}{\partial I} < 0$，即 E 的大小与投资水平 I 负相关。也就是说，当企业的破产概率大于 $V(I) \cdot \ln S + c$（c 是常数）时，经理选择的投资水平越低，企业在第一期的市场价值和第二期的期望价值（减去破产惩罚）的均值 E 就越大。经理在判断破产概率大于心中预期的情况下有可能采取的方法就是尽可能少地进行投资以避免企业的破产。在这种情况下即使投资项目的净现值大于零，出于对破产的顾虑经理仍然有可能放弃投资，出现投资不足的非效率投资行为。

在这种均衡下，预计不会带来破产的企业经理选择较高的投资水平，预计企业破产风险比较大的经理选择不投资以避免企业破产；外部（潜在）投资者观测到经理选择了较高的投资水平就认定该企业一定是高利润业绩型企业而购买该公司股票，若观测到经理选择了较低的投资水平就不能准确地知道企业类型，但是他会推断企业属于高利润业绩类型的概率下降了，属于低利润业绩类型的概率上升了。因此准分离均衡也是可以达到的。

准分离均衡的分析结果说明企业投资不足行为的出现主要与破产的可能性相关，为了避免企业破产带来的各种损失和不利影响，经理会选择放弃净现值大于零的投资项目。这与詹森和梅克林（1976）的研究结果是一致的，即相比股东的风险态度而言，经理作为经营者的风险态度则是更加偏向于风险厌恶的。这是因为项目一旦失败对经理造成的影响比股东要大得多，具体而言，如果企业因经营等方面的原因破产，经理不仅会失去职位和工作，而且会造成名誉的损失和社会地位的下降等非货币方面的损失，当然还有更直接的福利和货币损失等。因此，经理的这种风险厌恶态度将有可能使其在投资决策时选择低风险的投资项目，而放弃对股东来讲可能有利的投资项目，从而导致投资不足的发生。

4.2.4　研究结论

　　过度投资和投资不足虽然都是不以企业或股东价值最大化为目标的非效率投资行为，但是经理在是否投资的决策中的表现却刚好相反。本节利用信号传递博弈模型，通过均衡分析发现：由于公司内部经理与外部投资者之间存在关于公司经营信息的不对称，经理选择的投资水平就可以通过传递内部信息对企业的市场价值产生影响。这种非对称信息迫使经理在认为企业不会因此破产的情况下必须保持高水平的投资以显示企业具有较高的经营业绩，如果此时投资项目的净现值小于零就出现了过度投资的非效率投资行为。这种情况下股东的损失可以通过企业市场价值的提高得到弥补，所以股东有可能放任经理的过度投资行为。但是较高的投资水平将提高企业破产的概率，这就是说经理选择了高投资水平是为信息的不对称付出了成本，这种成本在完全信息下是不必要存在的。如果经理认为对外投资会增加企业破产的概率和风险超过自己的心理承受，就会选择对职位威胁最小的措施——不进行投资，这时如果投资项目的净现值大于零就出现了投资不足的非效率投资行为。经理的投资不足行为虽然会对外部投资者的判断产生不利影响从而影响公司股票的价格，但却因此避免了企业破产的风险，也就是避免了自身被撤换或失去职位的危险，在这种情况下经理使用了非效率投资行为作为固守自身职位的手段。

　　在对信号传递博弈模型的准分离均衡分析时发现，为了避免企业的破产，经理除了可以采取不投资的行为之外，还可以通过采取某些投资措施来降低破产概率，如采取多元化投资策略以分散不可预知的破产风险，这样既可以维持一定的投资水平，又有效降低了破产概率，但是多元化投资战略本身或者多元化投资策略组合中出现了其他非效率行为就是多元化折价投资的非效率投资行为。

4.3 基于信号传递模型的企业投资短视与 "敲竹杠" 长期投资行为分析

投资短视（investment myopia）是指企业不遵循最佳投资政策，而是选择那些能迅速回报但并不能使公司价值最大化的项目进行投资。"敲竹杠" 长期投资则是经理偏好选择那些可以用来 "敲竹杠"（hold-up）的项目，如能增加自己专用人力资本的长期项目而不是短期项目。投资短视和 "敲竹杠" 长期投资的共同特点在于当经理面对长短期两个投资项目决策时均选择了净现值较小的投资项目，但选择的项目一个是短期项目，一个是长期项目。Lundstrum 认为投资短视的潜在原因是管理层的职业考虑，即经理人不仅关心本期的在职收益，更关心未来是否会被留任。工资扭曲理论（wage distortion theory）的代表纳拉亚南研究了在经理能力未知且经理人市场和股东能根据投资项目的业绩推断经理能力的情况下经理的投资决策行为，认为经理人市场上的信息问题导致了投资短视行为。施莱弗和维什尼认为经理们偏爱投资那些可以增加自己专用人力资本的长期项目而不是短期项目，而不论这些项目是否对股东有利，因为这将增加他们稳固自己职位的机会，使股东不能轻易地替换他们。在此基础上，诺埃和雷贝洛（Rebello）创立了 "敲竹杠" 损失理论（holdup losses theory），研究经理人力资本专用性特征和投资决策权的分配对经理投资行为的影响以及股东的对策。

以上研究结果都表明，企业的投资短视和 "敲竹杠" 长期投资行为的出现都与经理的管理防御行为有关，由于经理职位相关控制权损失的不可弥补性和经理离职后转换工作成本的存在，使他们具有职位固守的强烈动机。由于投资短视和 "敲竹杠" 长期投资这两种非效率投资行为具有如此多的共同点，因此，本节采用信息经济学中的信号传递模型对经理的这两种非效率投资行为进行研究，分析在股东与经理的赛局中，经理如何利用长短期投资决策行为向股东传递自己能力高低的信号以稳固自己的职位。

4.3.1 研究假设

信号传递理论的开创者斯宾塞在其劳动力市场模型中,对雇员选择受教育程度和雇主制定录用、薪酬制度的博弈均衡进行了分析。信号传递模型是一种不完全信息动态博弈,在该模型中,劳动力市场上存在着有关雇佣能力的信息不对称,雇员知道自己的能力,雇主不知道。如果雇主没有办法区分高能力与低能力雇员,在竞争均衡时,不论是高能力还是低能力的雇员得到的都是平均工资,于是高能力雇员得到的报酬少于他们的预期收入,低能力雇员得到的报酬高于他们的预期收入。这时,高能力雇员希望找到一种办法,主动向雇佣方发出信号,使他们同低能力雇员分离开来,使自己的报酬与劳动率相适合。本次研究选择高能力经理在面对长短期投资项目决策时的决策行为作为经理向股东发出的信号,使股东能区别自身和低能力的经理,从而获得较高的报酬和职位的留任。

为了更好地控制研究的过程和变量,提出如下假设条件:

假设4-5:经理对企业投资决策具有决定权。经理对于投资项目的信息是完全知晓的,但股东对投资项目的信息并不完全清楚。

假设4-6:根据经理的能力高低可以将经理分为高能力和低能力两种类型,高能力经理比低能力经理为企业创造高收益的概率更高。经理类型是不对称信息,即经理知道自己所属的类型,但股东不知道,只知道经理能力类型的先验概率。

假设4-7:由于受到企业现金流的限制,投资项目为两个互斥的可行性项目,分为长期和短期两种类型。短期项目的投资收益时间不超过1年(含1年)并且可以随时变现,而长期项目要花费的时间超过1年并且只有在投资周期结束之后才能得到回报。由于市场的不确定性和市场风险的存在,长期项目成功的概率低于短期项目成功的概率。

假设4-8:经理长短期投资决策的回报值可以被股东直接观察。

股东仅根据项目的收益表现来判断所雇佣的经理属于哪一类型，对高能力经理发放较高报酬并留任，对低能力经理发放较低报酬并解雇。股东期望高能力的经理创造的净收益要高于低能力经理创造的净收益。

为了界定非效率投资行为的类型，接下来的假设 4 – 9 仅适用于研究经理的投资短视行为，假设 4 – 10 仅适用于研究经理的"敲竹杠"长期投资行为，在后面的分析中不会两者同时使用。

假设 4 – 9：两个投资项目相比较，长期项目的净现值大于短期项目的净现值。

"敲竹杠"损失理论认为，经理的人力资本专用性特征对经理投资行为将产生影响，但实际上能增加经理谈判力的不是资产专用性而是专有性。专有性使经理的留任对于企业更加重要，增大了股东的解雇成本，使股东不能轻易地替换拥有人力资本的经理；此外，由于人力资本专有性价值对企业的发展尤为重要，使经理能够增加与股东的谈判力，以实现其人力资本收益最大化，基于以上分析提出假设 4 – 10：

假设 4 – 10：两个投资项目相比较，长期项目的净现值小于短期项目的净现值。但如果股东解雇选择长期项目的经理，由于经理具有人力资本专有性，股东必须付出解雇成本 C（C > 0）。

4.3.2 基于信号传递的长短期投资决策模型的构建

在长短期投资决策的信号传递博弈中，经理是参与人 1（信号发送者），股东是参与人 2（信号接收者）。经理的类型为 θ。信号传递博弈顺序如下。

（1）"自然"首先按照概率分布 P（θ）选择经理的类型 $\theta \in \Theta$ 被股东雇佣，其中 $\Theta = \{\theta_1, \theta_2\}$ 是经理的类型空间，θ_1 代表低能力类型，θ_2 代表高能力类型。经理知道自己所属的类型（私人信息），股东不知道，但是股东知道 θ 的概率分布 P（θ），$\sum P(\theta) = 1$。

（2）拥有私人信息的经理选择信号 $m(\theta) \in M$，其中 $M = \{m_1, m_2\}$ 表示经理的行动空间（信号空间）。如果存在完全分离均衡，m_1 表示经理的决策是长期项目，m_2 表示经理的决策是短期项目；如果不存在完全分离均衡，m_1 表示经理选择项目后的收益是低收益，m_2 表示经理选择项目后的收益是高收益。

（3）股东在观测到经理发出的信号 $m(\theta) \in M$ 后，形成他对经理的私人类型的推断，即后验概率 $p = P(\theta/m)$，然后选择行动 $a(m) \in A$，其中 $A = \{a_1, a_2\}$ 表示股东的行动空间。a_1 表示当股东判断经理是低能力类型时发放较低报酬并解雇，a_2 表示当股东判断经理是高能力类型时发放较高报酬并留任。

（4）对于给定的类型 $\theta \in \Theta$，信号 $m(\theta) \in M$，行动 $a(m) \in A$，参与人 i 获得的收益为 $u_i(m, a, \theta)$，其中 $i = 1, 2$。股东对高能力经理发放较高报酬 $u_1(\theta_2)$，对低能力经理发放较低报酬 $u_1(\theta_1)$，即 $u_1(\theta_2) > u_1(\theta_1) > 0$。根据假设 4 – 8 得 $u_2(\theta_2) > u_2(\theta_1) \geq 0$。

此外，为了区别经理能力高低对项目收益实现的影响，分别用 $p(S_1)$、$p(S_2)$、$p(L_1)$、$p(L_2)$ 表示低能力经理选择短期项目且获得高收益的概率；高能力经理选择短期项目且获得高收益的概率；低能力经理选择长期项目且获得高收益的概率；高能力经理选择长期项目且获得高收益的概率。根据假设 4 – 6，有 $p(S_2) > p(S_1)$，$p(L_2) > p(L_1)$。根据假设 4 – 7，有 $p(S_1) > p(L_1)$，$p(S_2) > p(L_2)$。

4.3.3 均衡分析

假设 4 – 9 与假设 4 – 10 的内容是互相抵触的，在均衡分析时将分别选用其中之一作为假设条件。博弈的均衡可能是完全分离均衡也可能是混同均衡，因此每种假设条件下分情况进行讨论。

4.3.3.1 不使用假设 4 – 10 时的完全分离均衡分析

为了分析完全分离均衡是否存在，设定假说 4.1：存在完全分离均衡，股东能根据现任经理的选择区分经理的类型。

如果该假说成立，那么股东可以根据传递的信号区分经理的类型，并采取下一步的行动，对高能力经理发放较高报酬并留任；对低能力经理发放较低报酬并解雇。如果该假说成立有可能包括下面两种情况。

（1）高能力经理选择短期项目，低能力经理选择长期项目。

如果假说4.1成立，则意味着：

$$u_1(m_1, a'(m_1), \theta_1) > u_1(m_2, a'(m_2), \theta_1) \tag{4.6}$$

$$u_1(m_2, a'(m_2), \theta_2) > u_1(m_1, a'(m_1), \theta_2) \tag{4.7}$$

股东对经理是高能力的后验概率为：

$$P(\theta_1/m_1) = P(\theta_2/m_1) = 0 \tag{4.8}$$

$$P(\theta_1/m_2) = P(\theta_2/m_2) = 1 \tag{4.9}$$

对于高能力经理，如果 $u_1(m_2, a'(m_2), \theta_2) > u_1(m_1, a'(m_1), \theta_2)$ 成立，那么选择短期项目后将被股东认为是高能力类型经理，可以获得较高报酬并被留任，因此短期项目是高能力经理的最优策略。但对于低能力经理，选择长期项目后将获得较低报酬并被解雇，说明 $u_1(m_1, a'(m_1), \theta_1) < u_1(m_2, a'(m_2), \theta_1)$，与假说4.1成立的条件相反，因此长期项目并不是低能力经理的最优策略。在实践中如果低能力经理为了职位的固守而隐瞒了自己的真实情况，采取了管理防御行为选择短期项目向股东发出信号，那么就会被股东认为是高能力类型，将得到较高报酬并被留任，但是股东留任了低能力经理就不是其最优策略了，因此这种情况的均衡是不存在的。

（2）高能力经理选择长期项目，低能力经理选择短期项目。

如果假说4.1成立，则意味着：

$$u_1(m_2, a'(m_2), \theta_1) > u_1(m_1, a'(m_1), \theta_1) \tag{4.10}$$

$$u_1(m_1, a'(m_1), \theta_2) > u_1(m_2, a'(m_2), \theta_2) \tag{4.11}$$

股东对经理是高能力的后验概率为：

$$P(\theta_1/m_1) = P(\theta_2/m_1) = 1 \tag{4.12}$$

$$P(\theta_1/m_2) = P(\theta_2/m_2) = 0 \qquad (4.13)$$

与前面的分析类似，此时长期项目是高能力经理的最优策略。但是短期项目并不是低能力经理的最优策略，因为如果低能力经理采取了管理防御行为选择长期项目向股东发出信号，那么就会被股东认为是高能力类型，将得到较高报酬并被留任，但是股东留任了低能力经理就不是其最优策略了，因此这种情况的均衡也是不存在的。

根据上述两种情况的分析发现，假说 4.1 中的完全分离均衡是不存在的，由此得出结论 4.1：由于经理人市场上的信息不对称，当股东仅依据经理对投资项目的选择进行经理能力高低的判断时，由于经理管理防御行为的存在，作为信号的"项目选择"是无法准确向股东传递信息的，即经理的类型不能仅依据长短期项目的选择进行判定。

结论 4.1 的推广：对完全分离均衡的分析并没有使用假设 4 – 9，说明结论 4.1 对长短期项目的净现金流量并没有特殊的限定，无论使用的是假设 4 – 9 还是假设 4 – 10，对分析结论都没有影响。

4.3.3.2　不使用假设 4 – 10 时的混同均衡分析

接下来讨论混同均衡的情况。为了寻找混同均衡设定假说 4.2：存在精炼贝叶斯均衡，股东能根据现任经理选择项目的收益高低区分经理的类型并采取下一步的行动，对高能力经理发放较高报酬并留任；对低能力经理发放较低报酬并解雇。如果该假说成立有可能包括下面两种情况。

（1）两种类型的经理都选择短期项目，股东根据项目的收益高低判断经理类型。

如果经理不考虑项目的净现金流量，选择了短期项目，根据假设 4 – 9，此时经理的投资决策就属于投资短视行为。接下来分析这种均衡是否是精炼贝叶斯均衡，各参与人的选择是否会偏离该假说。

两种类型的经理均选择短期项目，那么股东认为经理是高能力类型的后验概率为：

$$P(\theta_1/m_2) = \frac{p(\theta_1)p(S_1)}{p(\theta_1)p(S_1) + p(\theta_2)p(S_2)} \qquad (4.14)$$

$$P(\theta_2/m_2) = \frac{p(\theta_2)p(S_2)}{p(\theta_1)p(S_1) + p(\theta_2)p(S_2)} \qquad (4.15)$$

$$P(\theta_1/m_1) = P(\theta_2/m_1) = 0 \qquad (4.16)$$

①对低能力经理，选择短期项目是否是其最优策略分析。

低能力经理选择了短期项目，其期望报酬函数为：

$$\begin{aligned}
Eu_1^2(m,a'(m),\theta_1) &= p(S_1)P(\theta_1/m_2)u_1(\theta_2) + [1-p(S_1)] \\
&\quad P(\theta_1/m_1)u_1(\theta_1) \\
&= p(S_1)P(\theta_1/m_2)u_1(\theta_2) \qquad (4.17)
\end{aligned}$$

如果低能力经理选择了长期项目，其期望报酬为：

$$\begin{aligned}
Eu_1^2(m,a'(m),\theta_1) &= p(L_1)P(\theta_1/m_2)u_1(\theta_2) + [1-p(L_1)] \\
&\quad P(\theta_1/m_1)u_1(\theta_1) \\
&= p(L_1)P(\theta_1/m_2)u_1(\theta_2) \qquad (4.18)
\end{aligned}$$

比较两种选择下报酬的大小：

$$式(4.17) - 式(4.18) = P(\theta_1/m_2)u_1(\theta_2)[p(S_1) - p(L_1)] \qquad (4.19)$$

根据 $P(\theta_1/m_2) > 0$，$u_1(\theta_2) > 0$，$p(S_1) > p(L_1) > 0$，得式 (4.19) > 0，即式 (4.17) > 式 (4.18)，选择短期项目是低能力经理的最优策略，此时经理为了职位固守的需要而没有考虑项目的净现值哪个更高，出现了投资短视的非效率投资行为。

②对高能力经理，选择短期项目是否是其最优策略分析。

高能力经理选择了短期项目，其期望报酬函数为：

$$\begin{aligned}
Eu_1^2(m,a'(m),\theta_1) &= p(S_2)P(\theta_2/m_2)u_1(\theta_2) + [1-p(S_2)] \\
&\quad P(\theta_2/m_1)u_1(\theta_1) \\
&= p(S_2)P(\theta_2/m_2)u_1(\theta_2) \qquad (4.20)
\end{aligned}$$

如果高能力经理选择了长期项目, 其期望报酬为:

$$Eu_1^2(m, a'(m), \theta_1) = p(L_2)P(\theta_2/m_2)u_1(\theta_2) + [1 - p(L_2)]$$
$$P(\theta_2/m_1)u_1(\theta_1)$$
$$= p(L_2)P(\theta_2/m_2)u_1(\theta_2) \qquad (4.21)$$

比较两种选择下报酬的大小:

$$式(4.20) - 式(4.21) = P(\theta_2/m_2)u_1(\theta_2)[p(S_2) - p(L_2)]$$
$$(4.22)$$

根据 $P(\theta_2/m_2) > 0$, $u_1(\theta_2) > 0$, $p(S_2) > p(L_2) > 0$, 得式 (4.22) > 0, 即式 (4.20) > 式 (4.21), 选择短期项目也是高能力经理的最优策略, 此时经理为了职位固守的需要而不考虑短期项目的净现值低于长期项目的净现值, 出现了投资短视类型的非效率投资行为。

③对股东而言, 经理选择短期项目对其策略影响分析。

无论经理是属于哪种类型, 选择短期项目都是其最优策略, 根据假设 4 - 8 中股东仅根据项目的收益表现来判断所雇佣的经理属于哪一类型, 股东期望高能力的经理创造的净收益要高于低能力经理创造的净收益, 股东的最优策略必然是对高能力经理发放较高报酬并留任, 对低能力经理发放较低报酬并解雇。

以上对各参与人的收益分析说明此种情况下的均衡是精炼贝叶斯均衡, 各参与人的选择都不会偏离该均衡。

(2) 两种类型的经理都选择长期项目, 股东根据项目的收益高低判断经理类型。

如果两种类型的经理都选择了长期项目, 根据假设 4 - 9, 此时经理没有进行管理防御, 选择的项目是能使企业和股东价值最大化的项目, 是正常的投资决策行为, 但是根据前面的精炼贝叶斯均衡分析, 无论经理是高能力还是低能力类型, 长期项目都不是其最优策略, 所以这种情况下的精炼贝叶斯均衡并不存在。

根据对混同均衡的分析, 得出结论 4.2: 由于经理人市场上的信息不对称和市场风险的存在，经理在面临互斥的两个长短期项目决策时通常会选择短期项目以巩固其职位，如果此时长期项目的净现金流量高于短期项目则出现投资短视类型的非效率投资行为。

4.3.3.3 不使用假设 4 – 9 时的混同均衡分析

根据结论 4.1 的推广，在假设 4 – 10 的情况下完全分离均衡也是不存在的，因此我们仅分析混同均衡的情况。根据结论 4.2 提出假说 4.3：存在精炼贝叶斯均衡，股东能根据现任经理选择项目的收益高低区分经理类型并采取下一步的行动。

根据前面的分析，假设 4 – 10 的存在使问题性质发生了变化，这种变化主要影响到股东对最优策略的选择，既而影响到经理的最优策略选择。

（1）股东的最优策略分析。

股东可能面临两种情况下的决策问题。

①股东对于选择长期项目经理的最优策略分析。

对于选择了长期项目的经理，股东的期望收益为：

$$Eu_2^2(m,a'(m),\theta) = p(\theta_2)P(L_2)u_2(\theta_2) + p(\theta_1)P(L_1)u_2(\theta_1)$$
$$= p(\theta_2)[P(L_2)u_2(\theta_2) - P(L_1)u_2(\theta_1)]$$
$$+ p(L_1)u_2(\theta_1) > 0 \tag{4.23}$$

但是如果股东解雇该经理，根据假设 4 – 10，股东的收益为式 (4.23) – C < 式 (4.23)，因此，无论项目的收益高低如何，留任该经理才是股东的最优策略。

②股东对于选择短期项目经理的最优策略分析。

根据上文的分析，如果经理选择了短期项目，股东此时的最优策略是留任获得高收益的经理，解雇获得低收益的经理。

（2）高能力类型经理的最优策略分析。

根据股东的最优策略，高能力经理选择长期项目被留任的概率 prob(a_2) = 100%，选择短期项目被留任的概率 prob(a_2) = p(S_2)，虽然 p(S_2) > p(L_2)，选择短期项目获得高收益的概率大于长期项目，但是由于市场风险的存在，短期项目依然有失败的风险，相比选择长期项目而言，短期项目并不是对职位最安全的选择。所以高能力类型经理的最优策略是选择长期项目进行管理防御。根据假设4-10，此时经理的投资行为是"敲竹杠"长期投资类型的非效率投资行为。

（3）低能力类型经理的最优策略分析。

与对高能力类型经理的最优策略分析相似，低能力类型经理的最优策略也是选择长期项目进行管理防御。此时经理的投资行为是"敲竹杠"长期投资类型的非效率投资行为。

根据以上分析得出结论4.3：在假设4-10的情况下，股东的最优策略是留任选择长期项目的经理或根据选择短期项目经理带来的收益高低进行留任和解雇决策，因此经理的最优策略是进行管理防御选择净现值小的长期项目，此时经理的投资决策行为是"敲竹杠"长期投资类型的非效率投资行为。

4.3.3.4　对减少经理非效率投资行为的分析

从前面的分析中发现，如果在分析中引入新的函数对于减少经理的非效率投资行为也是非常可能的。从实践来看，新函数的引入则是从公司治理角度出发采取的有效措施。

（1）不使用假设4-10，对减少经理投资短视行为的函数分析。

在假设4-9的情况下，如果经理选择长期项目的收益不小于选择短期项目的收益，那么经理就会改变自己对最优策略的选择做出使企业价值最大化的投资决策。要使该不等式成立，可能包括三种情况。

①降低经理选择短期投资项目的收益。

要减少经理选择短期投资项目的收益，可以考虑增加对经理决策的约束机制。用 $Eu_1^2(S,\theta)$ 表示经理选择短期项目的期望收益，$Eu_1^2(L,\theta)$ 表示经理选择长期项目的期望收益，考虑存在正实数 λ_θ，$\theta \in \Theta$，使 $Eu_1^2(S,\theta) - \lambda_\theta \leqslant Eu_1^2(L,\theta)$，就可以使经理选择长期项目而避免了投资短视行为的出现。其中 λ_θ 必须要大于等于 $Eu_1^2(S,$

θ) $-\mathrm{Eu}_1^2(\mathrm{L},\theta)$。从实践中来看,当公司对经理的非效率投资行为的治理制度非常完善和健全时,经理将担心防御行为被发现而受到惩罚而且惩罚的损失大于等于自己防御得到的多余收益就有可能会放弃管理防御行为,这也是公司治理制度的重要作用之一。

②提高经理选择长期投资项目的收益。

要提高经理选择长期投资项目的收益,可以考虑存在正实数 ε_θ,$\theta \in \Theta$,使 $\mathrm{Eu}_1^2(\mathrm{S},\theta) \leq \mathrm{Eu}_1^2(\mathrm{L},\theta)+\varepsilon_\theta$,其中 ε_θ 必须大于等于 $\mathrm{Eu}_1^2(\mathrm{S},\theta) - \mathrm{Eu}_1^2(\mathrm{L},\theta)$,就可以避免经理的投资短视行为。从实践中来看,如果股东对经理的激励程度大于等于经理从非效率投资行为中所得到的多余收益时,经理将有可能选择使企业价值最大化的投资项目而避免出现投资短视的非效率投资行为。

③降低经理选择短期投资项目收益的同时提高经理选择长期投资项目的收益。

这种方法是同时使用惩罚和激励机制,即 λ_θ、ε_θ 同时存在,该方法同样可避免经理投资短视行为的出现,其中 $\lambda_\theta + \varepsilon_\theta \geq \mathrm{Eu}_1^2(\mathrm{S},\theta) - \mathrm{Eu}_1^2(\mathrm{L},\theta)$。

分析表明,公司治理制度中的适度惩罚或适度激励或两者同时采用将有助于减少经理投资短视行为的出现。

(2)不使用假设4-9,对减少经理"敲竹杠"长期投资行为的函数分析。

在对高能力经理的"敲竹杠"投资行为的分析中发现,虽然经理的最优策略是选择长期项目以稳固自己的职位,但是这种选择其实是降低了自己的收益,根据式(4.20)>式(4.21),经理选择长期项目的收益是较低的,管理防御行为虽然保住了自己的职位但却减少了自己的收益;而且随着经理能力的提高,经理经营短期项目获得高收益的概率 $\mathrm{p}(\mathrm{S}_2)$ 在不断提高,选择短期项目被留任的机会 $\mathrm{prob}(\mathrm{a}_2)=\mathrm{p}(\mathrm{S}_2)$ 也不断增加,如果此时股东能对经理进行有效的激励,高能力经理将比低能力经理更有可能选择净现值较大的项目(因为 $\mathrm{p}(\mathrm{S}_2)>\mathrm{p}(\mathrm{S}_1)$),减少"敲竹杠"长期投资的非效率投资行为。此时的激励函数 ε_θ 必须大于等于经理重新寻找工作付出的成本，如果用函数 C_θ 表示经理重新寻找工作的成本，则 $\varepsilon_\theta \geqslant C_\theta$。从实践来看，经理如果因为选择短期投资项目收益不佳而被股东解雇后重新寻找工作将付出一定的成本 C_θ，如果股东提供的激励能弥补经理重新寻找工作付出的成本，经理就有可能放弃对职位的固守行为，做出有利于股东价值最大化的决策，此时的激励函数 ε_θ 其实是对经理离职的补偿。此外高能力经理相比低能力经理其择业成本会小一些，即 $C_{\theta_2} < C_{\theta_1}$，因此在相同的激励水平下，高能力经理比低能力经理更有可能避免"敲竹杠"长期投资行为的出现。

4.3.4　研究结论

投资短视和"敲竹杠"长期投资都是经理不遵循最佳投资政策，不以企业或股东价值最大化为目标却更多地体现经理目标的非效率投资行为。基于这两种非效率投资行为的共同特点，本节利用信号传递模型，通过对赛局中各种均衡情况的分析发现：由于经理人市场上的信息不对称和市场风险的存在，经理对长短期项目的选择是无法作为有效的信号用于股东对经理类型的判断，因此，无论经理能力高低如何，如果经理不具备与股东谈判的条件和能力，出于职位固守的需要，当经理面对长短期两个互斥的可行性投资项目时，均会选择短期项目以稳固自己的职位而并不考虑哪个项目具有更高的净现金流量，如果此时长期项目的净现金流量高于短期项目则出现投资短视类型的非效率投资行为；但是如果经理的人力资本具有专有性，具备与股东谈判和讨价还价的能力，当经理面对长短期两个互斥的投资项目时，则会选择长期投资项目使股东无法在长期项目收益实现之前解雇自己，如果此时短期项目的净现金流量高于长期项目则出现"敲竹杠"长期投资类型的非效率投资行为。分析还表明，公司治理中适度的惩罚和激励机制都有助于减少经理的投资短视行为；但是只有适度的激励才有助于减少经理的"敲竹杠"长期投资行为。

4.4 本章小结

过度投资、投资不足、投资短视、"敲竹杠"长期投资和多元化折价投资等非效率投资都是不以企业或股东价值最大化为目标的非效率投资行为，国内外的研究均表明股东与经理之间存在的利益冲突所引起的代理问题反映在企业投资领域就是各种非效率的投资行为。基于这四种非效率投资行为的特点和共同点，本章将过度投资和投资不足作为一组、投资短视和"敲竹杠"长期投资作为一组分别采用信号传递博弈模型进行均衡分析发现：经理的职位威胁既来自外部接管也来自内部的公司治理，过度投资与投资不足两种非效率投资行为的出现主要和经理判断的企业承受的破产风险的高低直接相关；投资短视和"敲竹杠"长期投资两种非效率投资行为的出现主要和经理认为的股东对自身能力高低的判断相关。

具体地说，当经理判断企业不存在破产风险时，为了向外部投资者传递企业经营业绩好的信号经理会选择高投资水平而并不考虑项目净现值的大小，如果此时投资项目的净现值小于零就出现过度投资的非效率投资行为；当经理判断企业的破产风险较高时，为了降低这种外部风险，经理就会尽可能地避免投资而不考虑项目净现值大小，如果此时投资项目的净现值大于零就会出现投资不足的非效率投资行为。此外，为了避免企业的破产，经理除了可以采取不投资的行为之外，还可以通过采取某些投资措施来降低破产概率，如采取多元化投资策略以分散破产风险，这样既可以维持一定的投资水平，又有效降低了破产概率，但是如果多元化投资策略组合中出现了其他非效率行为就是多元化折价投资的非效率投资行为。由于经理人市场上的信息不对称和市场风险的存在，经理对长短期项目的选择是无法作为有效的信号用于股东对经理类型的判断，如果经理不具备与股东谈判的条件和能力，出于职位固守的需要，当经理面对长短期两个互斥的可行性投资项目时，均会选择短期项目以稳固自己的职位而并不考虑哪个项目具有更高的净现金流量，如果此时长期项目的净现金流量较高则出现投资短视类型的非效率投资行为；但是如果经理的人力资本具有专有性，具备与股东谈判和讨价还价的能力，当经理面对长短期两个互斥的投资项目时，则会选择长期投资项目使股东无法在长期项目收益实现之前解雇自己，如果此时短期项目的净现金流量较高则出现"敲竹杠"长期投资类型的非效率投资行为。

分析表明，对于经理的过度投资行为，股东的损失可以通过企业市场价值的提高得到弥补，因此股东有可能放任经理的过度投资行为；公司治理中适度的惩罚和激励机制都有助于减少经理的投资短视行为；但是只有适度的激励才有助于减少经理的"敲竹杠"长期投资行为。

第5章 基于管理防御的企业 投资行为的实证研究

第4章根据非效率投资行为的特点，将过度投资与投资不足、投资短视与"敲竹杠"长期投资行为分为两组分别采用信号传递模型进行了研究并得出了结论，本章将对涉及第一组非效率投资行为的过度投资与投资不足的研究结论进行实证研究，以检验第4章有关这两种非效率投资行为的理论是否能够得到现实数据的支持。

5.1 实证研究的设计

根据第4章的研究结果，过度投资与投资不足两种非效率投资行为的出现主要与经理判断的企业承受的破产风险的高低直接相关。当经理判断企业不存在破产风险时，为了向外部投资者传递企业经营业绩好的信号经理会选择高投资水平而并不考虑项目净现值的大小，如果此时投资项目的净现值小于零就出现过度投资的非效率投资行为；当经理判断企业的破产风险较高时，为了降低这种外部风险，经理就会尽可能地避免投资而不考虑项目净现值大小，如果此时投资项目的净现值大于零就会出现投资不足的非效率投资行为。鉴于我国上市公司高管（不包括两职兼任的董事长）的平均持股水平偏低（本章实证研究样本显示2016年末我国上市公司高管平均持股比例为2.31%，人均持股水平就更低），远低于默克、施莱弗和维什尼（1988）提出"管理防御假说"时得到的"当经理持股比例介于 5% ~25% 时，托宾 Q 值随着经理持股比例的增加而降低"的研究结论，因此本章不进行管理防御假说理论在我国上市公司的实证检验，而是对第 4 章中涉及过度投资与投资不足的结论进行检验。

经理在日常的经营工作中会受到来自企业破产或被外部并购的压力，由于破产或被并购会使经理失去在企业的职位（也就是失去对企业的控制权地位），并带来职业声誉的损失，因此经理会尽量避免这种情况的出现。在面对企业的投资决策时经理的这种心理会影响经理的判断和决策，图 5 - 1 说明了经理认为的企业破产可能性对企业投资行为的影响。

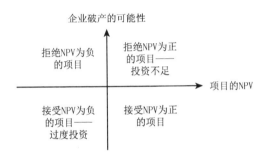

图 5 - 1　破产可能性对企业投资行为的影响

"破产"源自英文中的"bankruptcy"一词。"bankruptcy"最早出现在西方法律制度中，因此破产最早的含义是一种法律程序。在我国，按照中华人民共和国第十届全国人民代表大会常务委员会第二十三次会议于 2006 年 8 月 27 日通过的，自 2007 年 6 月 1 日起施行的《中华人民共和国企业破产法》中第二条的规定，企业破产是指"企业法人不能清偿到期债务，并且资产不足以清偿全部债务或者明显缺乏清偿能力的，或者有明显丧失清偿能力可能"的情况。法律意义上的破产是指一种法律手段和法律程序，通过这种手段和程序可以概括性地解决债务人和众多债权人之间的债权债务关系，也包含债务人不能清偿债务时所适用的偿债程序和该程序终结后债务人的身份地位受限制的法律状态。

本书所指的破产并非法律意义上的破产程序，而是"破产"的经济含义，即企业"不能清偿到期债务或者明显缺乏清偿能力（或明显丧失清偿能力可能）"的经营和财务状态①。

按照企业破产理论，直接判断企业的"不能清偿到期债务"是比较困难的，因此所依据的标准是企业出现"不能清偿到期债务"的两个原因：①缺少必要的现金流量导致无法偿还到期债务；②企业拥有的资产不足以清偿其负债，即资不抵债。按照第一种的现金流量标准，当企业缺乏必要的现金流量导致无法偿还到期债务时，即使其资产超过负债（即不满足第二种标准），也将其界定为"不能清偿到期债务"，因为将企业资产变成现金流量的过程也充满了各种风险和成本，让债权人继续等待是一个不确定和无法衡量的过程。当然，当企业出现上述两种情况（之一）时，虽然从法律角度来讲不一定就要进行破产清算，但从破产的定义来看企业已经处于破产的经营状态。

目前国内学者对我国企业非效率投资行为的实证检验焦点主要集中在企业的现金流、股权结构、资本结构、融资约束、利益相关者之间的冲突和管理者行为特质等对企业的非效率投资行为的验证上，虽然从现金流量和负债两个方面对企业过度投资行为的影响研究已经很多，但还很少有学者从企业破产可能性的角度对过度投资和投资不足行为产生的原因进行解释和检验。根据本章的研究目的，实证假设检验中对于经理心理认为的企业破产可能性的界定主要从破产原因两个方面寻求解释变量（现金流量与负债水平），并根据相关研究文献提出下述假设。

5.1.1 研究假设

5.1.1.1 企业投资水平与现金流量

虽然 MM 理论认为企业的投资与拥有的现金流量不相关，但这

---

① 破产更多的含义是指法定的破产程序，本书使用的是破产所指的财务和经营状态，更符合学术界对"财务困境"的含义描述，但本书的研究目的并非破产和财务困境的概念内涵，因此对这两种概念的使用不进行严格的区分。

是在完美市场的严格假设条件之下得出的结论，在现实中是不可能实现的。在新古典主义投资理论中，影响企业投资决策的主要因素在于企业资金的相对成本和拥有的现金流量，基于这一理论詹森（Jensen）于 1986 年提出"自由现金流假说"用来解释由于委托代理问题导致的企业过度投资行为，该假说认为，股东与经营管理者之间存在委托代理矛盾，当企业拥有大量的自由现金流量（free cash flow）时，即使企业不存在好的投资机会的情况下，企业的经营管理者基于自身利益考虑仍然倾向于将企业过去投资产生的现金流投资在净现值为负的企业投资规模扩大的项目上，而不是将其分配给股东，以此来获取非货币收益，这些收益可能包括更多的在职消费、满足其帝国构建心理、构建职场声誉等，这会导致企业过度投资行为的发生。"自由现金流假说"的焦点在于认为企业的过度投资行为的根源在于股东与经营管理者之间的委托代理冲突，而企业过度投资行为的出现与企业所拥有的现金流量多少是高度相关的。该假说提出之后，国外许多学者均进行了假说的实证检验，虽然有少数学者的研究结论并不支持该假说，但大多数学者的研究结果都从不同角度支持了自由现金流假说。

　　国内许多学者也从自由现金流假说出发，在基于投资—现金流量敏感性的基础上对我国企业的投资行为进行了实证研究。冯巍（1999）的实证研究发现股利支付率低的公司，其投资对企业内部现金流更为敏感。何金耿和丁加华（2001）以 1999～2000 年 397 家沪市上市公司为研究样本，对我国企业内部现金流与投资之间敏感度的关系进行了检验，研究结果支持自由现金流量假说。张翼和李辰（2005）以 1998～2001 年上市公司的投资—现金流敏感性进行实证分析发现，在地方政府或一般国企控制的企业支持过度投资与自由现金流假说。张中华和王治（2006）的研究结果表明，无论是投资不足还是过度投资对现金流都是敏感的，国有控股企业的过度投资行为更为显著，而非国有控股企业的两种非效率投资行为均较为显著。刘昌国（2006）以我国 352 家 A 股上市公司为样本的实证研究结果认为自由现金流量与企业过度投资显著正相关。张功富（2007）

以2000～2005年我国沪深A股工业类434家上市公司数据为样本的研究发现，过度投资行为显著地集中在拥有自由现金流量的企业中，其中18.92%的自由现金流量被用于过度投资，55.16%的自由现金流量以金融资产的形式保留在企业中。

基于以上研究结果提出如下假设。

假设5－1：企业投资水平与企业拥有的自由现金流量正相关。

5.1.1.2 企业投资水平与负债水平

"自由现金流假说"认为企业拥有过多的自由现金流会导致过度投资的非效率投资行为，就公司治理的角度而言，负债"控制假说"认为相对于股权融资，负债可以从一定程度上抑制企业的过度投资行为。这是因为：①负债每期的固定利息支出可以减少经理控制的自由现金流量；②负债到期的还本压力使企业存在一定的破产威胁，一旦企业破产清算或被接管，则企业的控制权将归债权人所有，经理将失去职位和所有控制权，这种潜在的威胁将迫使经理追求NPV为正的投资项目。

詹林和梅克林（1976）的研究指出：在负债情况下，经营者具有强烈的动机去从事那些尽管成功机会甚微但成功获利却颇丰的投资项目，这是因为如果项目获得成功，经营者将获得大部分收益；而项目失败的大部分成本则由债权人承担。虽然负债也会产生如上所述的负债代理成本，但不可否认的，负债可以有效降低股东与经理之间由于委托代理冲突所引起的代理成本。

格罗斯曼和哈特（1988）的研究认为，债务可以有效减少股东与经理之间由于两权分离产生的代理成本，迫使经理努力工作，做出更加谨慎的投资决策。斯塔茨（1990）的研究认为负债可以减少经理可以控制的资源，因此可以抑制管理者的过度投资行为。阿吉翁和梯若尔（1992）的研究认为，企业必须构造恰当的激励和惩罚机制用于防范内部控制人的道德风险行为，而负债就是一种有效的治理机制和方法。哈特和特穆尔（Hart & Moore, 1998）的研究认为，在公司治理机制中，合理的负债可以有效约束经理追求私利的非效率投资行为。蔡尔德等（Childs et al.，2005）的研究发现负债可以降低由于两权分离导致的过度投资和投资不足等代理成本。

国内有关负债对企业投资行为影响的实证研究结果与国外研究有所不同。例如，李胜楠和牛建波（2005）、刘星和杨亦民（2006）的研究结果认为负债并不能有效约束企业的过度投资行为，但多数学者的研究还是支持了国外的负债"控制假说"。童盼和陆正飞（2005）的实证结果表明，负债比例越高的企业，企业投资规模越小，且两者之间的相关程度受新增投资项目风险与投资新项目前企业风险大小关系的影响。伍利娜和陆正飞（2005）采用实验研究方法研究了一定融资结构下的股东—债权人代理冲突对企业投资行为的影响，结果发现，资产负债率与投资不足及过度投资行为的发生均呈现正相关关系；企业的盈利情况越差，越会加剧这两种非效率投资行为。肖刚、王晓丰和李秉祥（2009）的研究认为存在经理管理防御的企业资产负债率比不存在管理防御企业的资产负债率要低，而且两者呈负相关关系。

基于以上研究结果提出如下假设。

假设 5 - 2：企业投资水平与企业的负债水平负相关。

5.1.2 变量的选取和设定

5.1.2.1 被解释变量的选取

本次研究除了对过度投资进行检验外，还要对投资不足进行检验，因此被解释变量选取企业的投资水平。在实际的研究中，对企业投资水平的计量有多种方法，详见表 5 - 1。

表 5 - 1 投资水平的不同计量方法

研究者	对投资水平/规模的计量方法
Smith，Watts（1992）	资本支出/企业价值
Shin，Stulz（1996）	（资本支出 - 固定资产折旧）/总资产

续表

研究者	对投资水平/规模的计量方法
Lyandres，Zhdanov（2003）	年末总不动产、厂房和设备减去期初值
Richardson（2006）	资本支出 + 研发支出 + 并购和出售不动产、厂房、设备收入 – 折旧
Verdi（2006）	（资本支出 + 并购研发资本支出 – 固定资产处置收益）/平均总资产
Tang（2007）	（资本支出 + 并购研发资本支出）/期初平均总资产
童盼、陆正飞（2005），杨亦民、刘星（2006）等	（本期固定资产 + 长期投资 + 在建工程增加值）/期初总资产
魏锋、刘星（2004），郝颖、刘星（2005）等	（本期固定资产原价 + 工程物资 + 在建工程增加值）/上期固定资产净值
郭丽虹（2004），李胜楠、牛建波（2005）等	（本期固定资产净值 – 上期固定资产净值 + 本期累计折旧）/上期固定资产净值
支晓强、童盼（2007）等	本年购建固定资产、无形资产和其他长期资产所支付的现金
魏明海、柳建华（2007）等	（购建固定资产、无形资产和其他长期资产所支付的现金、购买和处置子公司及其他营业单位所支付的现金、权益性投资和债权性投资支出所支付现金之和）/期初资产总额
辛清泉（2007）等	（固定资产、长期投资和无形资产的净值改变量）/平均总资产
王建新（2009）等	（固定资产、无形资产和其他长期资产所支付的现金 + 权益性和债权性投资所支付的现金 – 处置三种资产收回的现金净额 – 折旧和摊销支出之和）/年初资产总额

　　根据本书第1章中的定义，企业的投资是指实物投资，专指企业为了提高未来的企业价值而进行的固定资产、厂房等实物资产的投资过程和行为，具体体现为资产负债表中固定资产（含在建工程）等的净增加值。本书主要参考理查森（2006）的研究模型，将企业的投资水平分为维持投资和新增投资，同时借鉴沃格特（1994）的研究模型并参考国内其他学者的研究成果，将企业的投资水平认定

为购建固定资产、无形资产和其他长期资产所支付的现金减去处置固定资产、无形资产和其他长期资产而收回的现金净额，再减去固定资产折旧和各种摊销支出之和，为了消除规模影响，将上述结果除以年初企业资产总额，得到最终的被解释变量——企业投资水平。

5.1.2.2　解释变量的选取

本次实证研究的解释变量选取企业的自由现金流量和企业的负债水平。

（1）自由现金流量。

传统财务指标只有"现金流量"指标而没有"自由现金流量"（free cash flow）这个指标。提出"自由现金流假说"的詹森将"自由现金流"定义为"投资完所有 NPV 为正的项目后企业剩余的现金流量，是企业可以自由支配使用的现金流"。这个定义虽然很好地说明了自由现金流量的内涵，但由于现实中"企业中所有 NPV 为正的项目"是不可观察的，而且"NPV 为正"的判断本身就存在很大的主观性与不确定性，因此这个定义在实践中不具备可操作性。鉴于以上原因，多位研究学者提出了多种计量方法以替代"自由现金流"的计量，本书参考国外比较常用的莱恩和波尔森（Lehn & Poulsen，1989）和沃格特（1994）的研究成果，将自由现金流量定义为：

自由现金流 = OIBD – TAX – INT – DIV。

其中，OIBD 指的是折旧前营业利润，TAX 指的是税收总额，INT 指的是利息总额，DIV 指的是发放的现金股利。为了消除规模影响，将上述结果除以企业年初资产总额，得到最终的 FCF。

（2）负债水平。

对于企业负债水平的衡量目前国内外的研究比较一致，基本上都是以资产负债率作为衡量指标，区别之处只是在于选择的是当期的资产负债率还是前一期的资产负债率。目前来看，国内在研究负债与企业投资行为之间的关系时较多采用前一期的资产负债率作为解释变量，这是因为企业决策者在进行投资决策时主要的参考依据和标准是期初的财务数据和指标，因此本书采用上一期的资产负债率作为衡量企业负债水平的指标。

5.1.2.3 控制变量的选取

本次实证研究选取企业规模、成长能力、股权集中度、国有股比例、行业和年度6个变量作为控制变量。

（1）企业规模。

不同的企业规模会对企业的投资行为造成重大影响，这是因为通常情况下，企业的规模越大，拥有的可控制资源和面临的投资机会也就越多，根据第2章中文献综述，越有可能出现过度投资行为，因此本书将企业规模作为控制变量之一，为了最大可能消除企业之间的规模差距，采用国内外常用的取对数的处理方法，使用企业年度总资产的自然对数作为企业规模的替代变量。

（2）成长能力。

企业所处的成长期会对投资造成影响，在通常情况下，企业的成长能力越高，企业面临的投资机会就越多，因此企业的投资支出也就越高。而且根据托宾Q值理论，企业的投资支出是其预期成长能力的函数，因此企业的投资水平与所具有的成长能力高度相关。

虽然国外的研究大多使用托宾Q值最为企业成长能力的替代变量，但由于我国企业的制度背景和国外有较大差别，因此不宜直接使用托宾Q值来衡量企业的成长能力。本书借鉴国内的通常方法，将主营业务收入的增长率作为企业成长能力的替代变量。

（3）股权集中度。

通常意义上的股权结构是指公司股权的集中程度或公司股东的性质。根据国内外的研究，股权集中程度和公司股东性质均会对企业绩效造成影响。考虑到大股东对企业投资行为的影响，本书将影响我国上市公司常见的这两种因素——股权集中度和国有股比例均作为控制变量。

股权集中度（concentration ration of shares）是衡量企业股权分布状态的重要指标，常用的衡量标准和计算方法有：第一大股东持股比例、前五大股东持股比例、前十大股东持股比例子和 H 指数（公司前 N 位大股东持股比例的平方和）等。本书采用前十大股东持股比例之和作为替代变量。

（4）国有股比例。

在我国上市公司中，很多企业都是由原国有企业改制而来的，历史背景造成了我国目前上市公司中国有股一股独大的股权结构。在我国目前的制度背景和情况下，国有上市公司①严重的"所有者缺位"现象将导致对企业内部管理者缺乏有效监督和约束，作为第一大股东的政府行政部门或机构对经理的监督有经营上超弱控制和行政上超强控制的倾向，这种倾向很可能会通过行政干预国有企业的投资行为从事有利于控股机构提高政绩或获取私利的行为，而且国有上市公司在行政干预下将比普通企业更容易获得银行和金融机构的贷款，这也减弱了负债的治理和影响作用。鉴于我国上市公司的这一特点明显不同于国外上市公司，因此本书将国有股比例作为本次研究的控制变量之一。

（5）行业。

企业经营范围和所处的竞争环境也会对企业发展和投资水平造成重要影响。即使在同样的宏观背景和环境下，企业所处行业的发展和成长机会也是不同的，这些都会影响企业所面临的投资机会从而对企业投资水平造成不可忽视的影响。按照证监会公布的 A 股上市公司的行业种类共 13 个（不包含保险金融类）大类，其中制造业又分为 10 个次类，本书将行业作为 0 ~ 1 虚拟变量，依据证监会公布的 A 股上市公司的行业大类和次类，设置 22 个行业哑变量②，分别对应证监会公布的次类行业代码，属于该行业取值为 1，否则为 0。

---

　　①　本书所指的国有上市公司是指"第一大股东控股股权性质是国家股或国有法人股的上市公司"。

　　②　由于模型有常数项，所以应该设置 21 个行业哑变量，但考虑到还有年度哑变量和对应的问题，因此设置了 22 个行业哑变量，这种设置方法在软件处理中仍将按照 m − 1 个（即 21 个）哑变量进行回归分析，不会影响最终结果。

（6）年度。

不同的年度代表了企业运营的宏观环境，不同的宏观经济大背景有可能对企业的投资水平造成不可预期的影响。本书将年度作为 0～1 虚拟变量，设置 3 个年度哑变量，依次分别代表 2014 年、2015 年和 2016 年，属于该年度取值为 1，否则为 0。

所有变量的详细情况如表 5－2 所示。

表 5－2   变量定义

变量类型	变量名称	变量标识	变量的操作定义
被解释变量	投资水平	INVEST	（构建固定资产、无形资产和其他长期资产所支付的现金＋取得子公司及其他营业单位支付的现金净额＋权益性投资所支付的现金－处置固定资产、无形资产和其他长期资产而收回的现金净额－折旧和各种摊销支出之和）/年初资产总额
解释变量	自由现金流量	FCF	（折旧前的营业利润－税收总额－利息总额－发放的现金股利）/年初资产总额
	负债水平	LEVEL	（上一年）资产负债率＝总负债/总资产
控制变量	企业规模	SIZE	总资产的自然对数
	成长能力	GROWTH	主营业务收入增长率＝（本年末主营业务收入－上年末主营业务收入）/上年末主营业务收入
	股权集中度	CR_{10}	公司前十大股东持股比例之和
	国有股比例	STATE	国有股本/总股本
	行业哑变量	IND	以农、林、牧、渔业为基底，设置 22 个行业哑变量
	年度哑变量	YEAR	以 2014 年为基底，设置 3 个年度哑变量

5.1.3 模型的构建

为了检验企业的破产可能性与投资水平之间的关系，构建如下模型：

$$Invest_{i,t} = \alpha + \beta_1 FCF_{i,t} + \beta_2 LEVEL_{i,t-1} + \beta_3 SIZE_{i,t} + \beta_4 GROWTH_{i,t}$$
$$+ \beta_5 CR_{10i,t} + \beta_6 STATE_{i,t} + \beta_7 IND_{i,t} + \beta_8 YEAR_{i,t} + \varepsilon_{i,t} \quad (5.1)$$

模型（5.1）中的各变量标示见表 5 – 2 中的变量标识，$\varepsilon_{i,t} \sim N (0, \sigma^2)$。

5.1.4　研究样本的选取

（1）数据来源。

本次实证研究使用到的财务数据来源于由万得信息技术股份有限公司（www. wind. com. cn）开发的万得数据库（Wind 资讯）。万得数据库是国内大型金融数据库之一，内容涵盖股票、债券、基金、衍生品、指数、宏观行业等各类金融市场数据，可以为科研、量化投资与各类金融业务提供准确、及时和完整的数据。

实证研究的数据分析与模型检验主要使用 WPS 表格和 STA-TA12.0 软件完成。WPS 表格软件主要用来进行原始财务数据的记录、整理、筛选和简单的函数计算等职能，STATA12.0 软件主要用于对数据的相关性分析和检验。

（2）筛选条件。

本次实证研究选取在我国上海证券交易所发行 A 股和在深圳证券交易所主板发行 A 股的上市公司作为样本来检验企业投资水平与破产可能性之间的关系。样本观测期为 2014 ~ 2016 年，样本的选取遵循以下原则：第一，剔除同时发行 A + B 股或 A + H 股的上市公司，因为该类公司的海外投资行为的制度背景和影响因素可能与我国不同；第二，剔除三年间被 ST、* ST 和 PT 的上市公司，因为该类公司处于非正常的财务和经营状态，有可能影响到企业的正常投资，会计指标可能出现异常；第三，剔除保险与金融类企业，因为该类企业的经营和投资范围与其他类型的企业有明显区别；第四，为了保证研究数据的连续性，剔除财务数据和资料不全、财务数据明显异常的上市公司。经过样本筛选之后最终得到 1186 家样本公司

（其中深市 381 家，沪市 805 家）三年间的样本观测值。

5.2 实证研究结果及分析

5.2.1 数据的描述性统计

本次研究的描述性统计见表 5 - 3。

表 5 - 3　　　　　　　　　　　描述性统计

变量标识	最小值	最大值	均值	中位数	标准差	样本数
INVEST	-9.6505	106.7470	0.1384	0.0130	1.9840	3558
FCF	-28.4511	78.0081	-0.0382	0.0123	1.5516	3558
LEVEL	1.5610	127.9614	51.4908	51.5972	25.0669	3558
SIZE	17.3881	27.9617	22.5319	22.4453	1.3215	3558
GROWTH	-0.9559	251.2112	0.9298	0.0426	31.9380	3558
CR_{10}	0.0132	1.0000	0.5455	0.5452	0.1589	3558
STATE	0.0000	0.921915	0.049133	0.0000	0.132446	3558

5.2.2 数据的假设检验结果及分析

由于引入了行业和年度作为哑变量，因此采用最优模型（optimal scaling）首先对这两种分类变量进行检验，结果显示两者均通过1% 显著性水平检验。其他各变量的 Pearson 相关系数见表 5 - 4。

表 5 - 4　　　　　　　　各变量的 Pearson 相关系数

Pearson 相关系数	INVEST	FCF	LEVEL	SIZE	GROWTH	CR_{10}	STATE
INVEST	1						
FCF	0.6690 ***	1					

续表

Pearson 相关系数	INVEST	FCF	LEVEL	SIZE	GROWTH	CR$_{10}$	STATE
LEVEL	−0.0165	0.0054	1				
SIZE	0.0363 **	0.0349 **	0.2669 ***	1			
GROWTH	0.0504 **	−0.2589 ***	0.0183	0.0640 ***	1		
CR$_{10}$	0.0148	−0.0346 **	0.0116	0.3176 ***	0.0590 ***	1	
STATE	−0.0312 *	−0.0225	0.0384 **	0.1414 ***	0.0499 ***	0.2700 ***	1

注：*** 表示在 1% 水平上显著相关 (2 - tailed)，** 表示在 5% 水平上显著相关 (2 - tailed)，* 表示在 10% 水平上显著相关 (2 - tailed)。

从 Pearson 相关系数来看，除了 LEVEL、CR$_{10}$ 与投资水平之间相关性较弱以外[①]，其他变量在显著性水平不同的条件下与投资水平均相关，各变量间 Pearson 相关系数大小也表明各变量之间不存在严重的共线性问题，说明解释变量与控制变量的选择符合模型基本要求，可以进行下一步的假设检验。为了验证模型的稳定性，采用逐步回归中的前进法不断增加变量，随着变量的加入，FCF 的回归系数始终在 1% 水平上显著相关，最终模型检验结果见表 5 - 5。

表 5 - 5   假设检验的回归结果

变量标识	回归系数	Std. Err.	t	P > t
(Constant)	−0.0916	0.4526	−0.2000	0.8400
FCF	0.9401 ***	0.0156	60.1900	0.0000
LEVEL	−0.0016	0.0010	−1.5700	0.1180
SIZE	−0.0020	0.0202	−0.1000	0.9210
GROWTH	0.0149 ***	0.0008	19.6200	0.0000
CR$_{10}$	0.0049 ***	0.0016	2.9800	0.0030
STATE	−0.4720 **	0.1891	−2.5000	0.0130

① 虽然在模型检验开始，Pearson 相关系数和回归结果均显示负债水平 LEVEL 与投资水平 INVEST 之间极弱相关，但在后面的分组研究中投资不足组显示两者在 1% 的水平上显著相关，所以本书的研究继续使用 LEVEL 这一解释变量。

变量标识	回归系数	Std. Err.	t	P > t
IND YEAR	哑变量			
R²	0.5111			
AR²	0.5078			
F	154.28 ***			

注：*** 表示在 1% 水平上显著相关（2 – tailed），** 表示在 5% 水平上显著相关（2 – tailed）

通过计算，各回归模型中自变量的方差膨胀因子（variance inflation factor，VIF）大小均在 1 左右，远小于 10 的建议标准，因此回归模型不存在严重的多重共线性问题。

根据表 5 – 5 的假设检验回归结果可知，所选样本中企业的投资水平与自由现金流量的回归系数为 0.9401，在 1% 的统计水平上显著相关；企业的投资水平与资产负债率的回归系数为 – 0.0016，没有通过显著性水平检验。从该结果可得出结论为：样本企业的投资水平与拥有的自由现金流量呈正相关关系，支持假设 1 成立；但检验结果并未支持假设 2 成立。此外，企业投资水平与成长能力和股权集中度在 1% 水平上显著相关，与国有股比例在 5% 水平上显著相关，与企业规模的相关性未能通过显著性检验。

5.3 样本分组研究

为了进一步分析假设 5 – 2 不成立的原因与过度投资和投资不足两种非效率投资行为各自的特点，将样本组按照一定标准进行筛选后选取有过度投资行为的公司作为一组，有投资不足行为的公司作为一组，分析资产负债率对两组的影响有何联系与区别。

根据理查森（2006）的研究，主要使用多元线性回归模型中的残差表示企业的非效率投资行为[①]，残差大于 0 表明过度投资，残差小于 0 表明投资不足。考虑本章的回归模型与理查森（2006）的模型既有联系又有区别，因此选取模型残差大于 0 部分中残差最大的 1/2 数量企业认为存在过度投资，选取模型残差小于 0 部分中残差最小的 1/2 数量企业认为存在投资不足。

5.3.1　分组数据的描述性统计

在前面的假设检验中，由于股权集中度 CR_{10} 和国有股比例 STATE 的 Pearson 相关系数较弱，因此在删除这两个变量后构建模型如下：

$$
\begin{aligned}
\text{Invest}_{i,t} = {} & \alpha + \beta_1 \text{FCF}_{i,t} + \beta_2 \text{LEVEL}_{i,t-1} + \beta_3 \text{SIZE}_{i,t} + \beta_4 \text{GROWTH}_{i,t} \\
& + \beta_5 \text{IND}_{i,t} + \beta_6 \text{YEAR}_{i,t} + \varepsilon_{i,t}
\end{aligned} \tag{5.2}
$$

在进行假设检验之前，首先利用模型（5.2）对上述 1186 家全样本公司三年间的 3558 个统计数据进行筛选，从中选出过度投资的 571 个观察样本和投资不足的 1208 个观察样本作为本次假设检验的分样本，相关描述性统计见表 5-6。

表 5-6　　　　　　　　　　分组样本的描述性统计

变量标识		最小值	最大值	均值	标准差	样本数
INVEST	过度投资	-2.0953	106.7470	1.0247	4.8109	571
	投资不足	-9.6505	4.9153	-0.1303	0.4905	1208
FCF	过度投资	-28.4511	78.0081	-0.2833	3.7120	571
	投资不足	-24.3116	5.1203	0.0551	0.7520	1208

[①] 根据理查森（2006）的研究，总投资包括维持性投资和当年新增投资。当年新增投资又可以分为两部分，一部分为公司对正 NPV 项目进行的适度投资部分，另一部分为企业的非效率投资部分。当年新增投资可以用理查森投资期望模型计算得出，残差项为非效率投资，残差为正表明过度投资，残差为负表明投资不足。

续表

变量标识		最小值	最大值	均值	标准差	样本数
LEVEL	过度投资	1.5610	97.8663	42.9231	34.2530	571
	投资不足	3.0806	127.9614	50.7987	20.3400	1208
SIZE	过度投资	18.3701	27.3765	22.2024	1.2766	571
	投资不足	17.7785	27.9617	22.6041	1.2990	1208
GROWTH	过度投资	-0.9559	96.0237	1.2322	7.0827	571
	投资不足	-0.9183	251.2112	2.0840	54.4796	1208

从样本数目来看，近年来在我国上市公司中投资不足比过度投资更加普遍。

5.3.2 分组数据的假设检验结果及分析

回归模型的分组检验结果见表 5-7 和表 5-8。

表 5-7 　　　　过度投资样本组假设检验的回归结果

变量标识	回归系数	Std. Err.	t	P > t
(Constant)	-4.4216 **	1.9533	-2.26	0.024
FCF	1.0586 ***	0.0279	37.94	0.000
LEVEL	0.0003	0.0025	0.11	0.909
SIZE	0.2253 ***	0.0840	2.68	0.008
GROWTH	0.2256 ***	0.0144	15.72	0.000
IND YEAR	哑变量			
R^2	0.766			
AR^2	0.757			
F	85.28 ***			

注：*** 表示在 1% 水平上显著相关（2-tailed），** 表示在 5% 水平上显著相关（2-tailed）。

表 5 - 8　　　　　　投资不足样本组假设检验的回归结果

变量标识	回归系数	Std. Err.	t	P > t
（Constant）	- 0. 6193 **	0. 2750	- 2. 25	0. 024
FCF	- 0. 1679 ***	0. 0422	- 3. 98	0. 000
LEVEL	- 0. 0038 ***	0. 0007	- 5. 19	0. 000
SIZE	0. 0258 **	0. 0112	2. 3	0. 021
GROWTH	- 0. 0008	0. 0006	- 1. 35	0. 178
IND YEAR	哑变量			
R^2	0. 1497			
AR^2	0. 1348			
F	10. 01 ***			

注：*** 表示在1% 水平上显著相关（2 - tailed），** 表示在5% 水平上显著相关（2 - tailed）。

从表5 - 7 的结果来看，过度投资样本组的自由现金流量与投资水平之间的相关系数为 1. 0586，在1% 的统计水平上显著相关，支持假设5 - 1 认为的企业投资水平与企业拥有的自由现金流量之间正相关的结论；负债水平与投资水平之间的相关系数为 0. 0003，没有通过假设检验，假设5 - 2 认为的企业投资水平与企业负债水平负相关没有在过度投资样本组得到验证。此外，企业投资水平与企业规模和成长能力之间的关系均在1% 水平上显著相关。

从表5 - 8 的结果来看，投资不足样本组的投资水平与自由现金流量之间的相关系数为 - 0. 1679，在1% 的统计水平上显著相关，支持假设5 - 1 中认为的企业投资水平与企业拥有的自由现金流量之间相关，但不支持正相关结论；企业投资水平与负债水平之间的相关系数为 - 0. 0038，在1% 的统计水平上显著相关，支持假设5 - 2 认为的企业投资水平与企业负债水平负相关的结论。此外，企业投资水平与企业规模之间的关系在5% 水平上显著相关，但与成长能力的关系未通过显著性检验。

从分组检验结果来看，假设5 - 1 和假设5 - 2 在过度投资样本组和投资不足样本组的检验结果并不一致。在过度投资样本组中，假设 5-1 成立，假设 5-2 不成立；在投资不足样本组中，假设 5-1 不成立，假设 5-2 成立。在企业投资水平与自由现金流量的关系上，无论是过度投资还是投资不足，两者都是高度相关的，只是在过度投资样本组中这种相关是正相关，在投资不足样本组中这种相关是负相关，说明当企业具有较高的负债水平时即使自由现金流充足也会出现投资不足行为，较高的直接破产风险（资产负债率）会遏制企业的投资行为。在企业投资水平与负债水平的关系上，只有在投资不足样本组中，投资水平与负债水平显著负相关，这一研究结果更充分验证了第 4 章中"当经理判断企业的破产风险较高时，为了降低这种外部风险，经理就会尽可能地避免投资而不考虑项目净现值大小，如果此时投资项目的净现值大于零就会出现投资不足的非效率投资行为"的研究结论，也充分说明企业投资不足行为更多的是和经理通过资产负债率判断的破产风险直接相关。企业投资水平与自由现金流量的相关系数在过度投资样本组为 1.0586，在投资不足样本组为 -0.1679，前者绝对值远高于后者绝对值，这也从侧面说明相比其他变量而言，自由现金流量对企业过度投资行为的影响更加直接和明显。

5.4 本章小结

为了检验第 4 章中"过度投资与投资不足两种非效率投资行为的出现主要和经理判断的企业承受的破产风险的高低直接相关"的研究结论，本章选取企业投资水平作为被解释变量，将企业破产可能性分解为自由现金流量和负债水平两个解释变量，引入企业规模、成长能力、股权集中度、国有股比例、行业和年度作为控制变量，采用 2014~2016 年三年间符合筛选条件的上市公司组成研究样本，对企业投资水平与自由现金流量和负债水平的关系进行实证检验，研究结果表明：①总体上看企业的投资水平与拥有的自由现金流量显著正相关；②在过度投资中，企业投资水平与自由现金流量显著正相关，在投资不足中，企业投资水平与自由现金流量显著负相关；③在投资不足中，企业投资水平与负债水平显著负相关。本章的研究结果支持了第 4 章中"企业破产风险与过度投资与投资不足两种非效率投资行为的出现直接相关"的研究结论，而且揭示出在我国目前上市公司中，投资不足现象比过度投资现象更加普遍，在投资不足行为的出现上资产负债率的作用比自由现金流的作用更加明显；在对过度投资行为的治理上，控制企业可自由支配的现金流量比提高企业负债比例的作用更加显著。

第6章 基于管理防御的企业投资短视行为的实验研究

　　投资短视（investment myopia）是非效率投资的一种，是指企业不遵循最佳投资政策，而是选择那些能迅速回报但并不能使公司价值最大化的项目进行投资。经理人的投资短视行为使企业追求短期效益，延迟甚至放弃使企业价值最大化的投资项目。伦德斯特默（2002）认为投资短视的潜在原因是管理层的职业考虑，即经理人不仅关心本期的在职收益，更关心未来是否会被留任。当公司的投资机会不容易被外界所观察，而经理人具有私人信息，在经理人市场和股东根据投资项目的业绩推断经理能力的情况下，为提高自己的职业声望，进而提高自己将来的报酬，经理就可能过分追求短期结果。当面临长期、短期两个项目决策时，自然就会偏好选择赢利快的短期项目，通过增长公司当前业绩以达到自己被留任的目的，而从长远来说放弃符合企业价值最大化的长期项目。本书第4章采用信息经济学中的信号传递模型对经理的投资短视行为进行了研究，也验证了由于经理人市场上的信息不对称和市场风险的存在导致了经理为了稳固自己的职位而容易出现投资短视行为。

6.1　实验研究的理论基础

6.1.1　实验研究在个人选择行为理论中的应用

　　虽然理论分析和模型研究均表明管理防御动机是经理投资短视

行为的重要影响因素，但在企业实践中，经理采取某种财务政策或行为的真实动机是不可直接观察的，管理防御涉及经理人深层次的内心心理活动和想法，经理会因为各种原因隐瞒自己的真实心理，甚至于经理可能自为而不自知，因此很难从财务数据和资料中确认经理的动机与行为选择之间的因果关系；此外，由于企业对于投资项目的资料和财务决策过程的保密性，在实证研究中难以取得实际的数据和资料对投资短视行为进行研究，这也是以往的研究大多采用分析式研究而实证检验较少的一个主要原因，使研究结果缺乏有力的支持。因此，在研究中引入新的研究方法将有助于深化对该问题的研究。针对实证研究面临的主要困难，结合目前经济学中新的研究方法的运用和发展，采用实验研究方法无疑是一种解决问题的新视角。

虽然传统的观点认为，经济学仅仅依靠现实的数据进行研究，是一门不需要实验的科学，但是近年来，实验方法在经济学中的应用不断增加，实验分析已经成为经济学中的一种重要的研究方法，2002 年被称为"实验经济学（experimental economics）之父"的弗农·史密斯获得了诺贝尔经济学奖，其主要贡献在于为实验经济学奠定了基础，发展了一整套实验研究方法，设定了经济学实验研究的可靠标准，并利用实验展示了市场交易制度的重要性。这标志着实验研究作为经济学的一种新的研究方法已经得到了学术界的认可。

经济学研究一般采用逻辑演绎和计量统计的方法，先建立经济模式，再进行分析以获得结论。但这些模式和结论与实际市场上的符合程度则有待检验。经过弗农·史密斯的研究已经表明实验的结果是检验不同经济学理论效度的指标。实验研究就是采用控制各种影响因素的方式对经济现象进行研究，它通过建立可控的实验经济环境，直接以现实的人为对象，进行经济运行的实验，研究其结果是否与原有的经济理论预期相一致，并分析经济环境中各种因素的变化对经济的影响。到目前为止，实验研究已经发展形成了严格的实验规范和标准，为实验研究方法在检验、比较和完善经济理论，验证、分析和比较经济政策方面发挥着独特的作用。特别是在对以人为研究对象的行为经济学中，实验研究更是起到了至关重要的作用。弗农·史密斯也认为："……实验经济学的研究领域集中在对市场均衡、博弈均衡以及个人选择理论的验证。……"经理管理防御动机具体表现在经理的财务决策行为之中，属于个人选择理论的研究范围，因此采用实验研究方法验证经理管理防御与企业投资短视行为之间的关系是完全可行的。

6.1.2 实验研究的基本准则

实验研究是在特定的实验环境中进行经济运行，为了保证把控制中的过程作为生成科学数据的重要来源，实验数据能够作为研究现实行为的科学数据来使用，实验研究必须按照一定的原则进行以保证实验方法本身的科学性。在个人选择行为理论的实验研究中，如何充分体现实验的可控性（control）和可重复性（replication）是实验研究方法的重点和难点问题。可控性是指通过控制和改变实验中的各种影响因素和条件使实验观测到的不同数据可用于检验或比较各种涉及影响因素的相关理论。可重复性不仅是指研究人员自身可以多次重复同样的实验以获取更为可信的结果，而且也包括其他研究人员在重复该实验的情况下可以对前人的研究成果进行验证。为了有助于可控性和可重复性的实现，必须按照一定规则对实验进行标准化的设计，并将整个过程进行详细的文字记录。

6.1.2.1 实验研究过程的标准化

标准化主要是指与实验研究有关的过程和条件的一致性，具体表现在实验从设计开始到完全结束整个过程需要遵循相同或相似的原则和流程，实验研究结束之后必须具备相同或相似规范的主要文本书件等。

实验研究过程的标准化是可重复性得以实现的重要保证。作为一个科学的实验，实验过程应该完成的主要文件有实验说明书、实验问卷和数据的统计及分析结果等。其中实验说明书是整个实验过程的核心文件，将记录实验从思路、设计开始到结束的所有过程和细节，包括实验的目的和预期、实验报酬的设计、实验参与者及来源、实验参与者人数及实验方法、使用的实验工具和材料、实验的地点和物理环境、实验日期和持续时间、实验的具体步骤和程序等内容。实验说明书和实验问卷是实验的原始文件，也是实验可重复性实现的重要物质保证，应注意保存，对实验问卷最后的数据整理和统计可以使用统计软件进行数据的录入和整理。研究人员运用专业的知识，通过最终结果与实验预期的对比和分析就可以得出实验的最终结论。

6.1.2.2　实验语言使用的无偏化

为了保证其他研究人员和实验参与者对实验的准确无歧义理解，实验语言的使用必须是无偏的，具体表现在实验说明书和实验问卷中使用的语言是无歧义无暗示性的。实验说明书对于实验的正常进行、实验目标的实现和可重复性是非常重要的，因此，实验说明书中的语言使用必须清晰准确，表述要规范化和标准化，尽量使用已有的专业术语。实验问卷是实验数据的主要载体和最后统计数据的主要来源，由于实验问卷将由特定的实验参与者阅读或填写，因此在语言使用上应符合实验参与者的认知特点，问题的表述要清晰简明，不能带有任何暗示和倾向性，不要使用实验参与者不理解或会产生歧义的文字，这样才能保证实验口径的一致性。

6.1.2.3　实验报酬的外在化

实验报酬是对应现实经济环境中决策者决策所获得的报酬而在实验中模拟出的激励实验参与者做出真实选择的激励手段。研究表明，向实验者提供报酬有助于减少实验行为的变异性，降低甚至排除随机带来的干扰，从而增加实验结果的可靠性和实验的可重复性。因此对参与者参加实验的报酬设计是实验设计中的一个关键环节。对实验报酬的设计，原则上是让实验参与者得到的报酬与实验中的个人选择挂钩，并且报酬相对高低应该对应现实经济环境中决策报酬的高低，即具有仿真的特性。此外，实验报酬作为实验中的激励手段，其大小必须超过实验中为做出决策和达成交易所需付出的成本，而且只有在实验开始时向实验参与者明示实验报酬的计算和支付方式（有研究表明，如果实验参与者对其他人的报酬都很清楚，那么可能由此产生妒忌或利他主义心理，从而得到错误的实验数据，因此在这种情况下明示实验报酬的方法应选择在实验问卷上标明的方法），使实验参与者明确了解自己将得到的激励才能获得最好的激励效果，这是实验报酬外在化的要求。

6.1.2.4 实验方法应用于个人选择行为理论研究时心理设计的仿真性

经济学家普洛特（Plott，1982）曾经说过："虽然与自然产生的经济过程相比，实验室中的经济过程是简单的，但是实验室的经济过程同样是真实的，是真实的人在真实的规则下为真实的利益所驱动而形成的"。因此，实验室中的实验相比现实的经济环境肯定是比较简单的，但是实验的设计是以"真实"为模板的，是绝对不能脱离"真实"的。应用于个人选择行为的实验研究在实验设计时必须能模拟出现实中个人的心理活动和特征，实验应该是真实心理的"简单再现"，这是实验对心理设计的仿真性要求。虽然在实验室中再现真实的经济环境是非常困难的，但可以通过实验参与者的选取、实验报酬的设计、实验的物理环境等实验条件达到与"真实心理"的接近。

总之，实验研究作为一种研究方法，只有遵循科学的原则和流程，满足基本的程序标准，才能保证这种方法的准确性，其研究结果才具有科学性，才会被学术界认可，因此将实验研究方法应用于个人选择理论的研究是完全可行的。

6.2　基于管理防御的企业投资短视
行为的实验研究过程

6.2.1　实验假说

在默克、施莱弗和维什尼提出经理管理防御假说之前，大部分关于公司代理问题的文献都假定公司财务政策的选择是基于股东财富最大化，而管理防御视角下的公司财务政策选择则更多地会受到管理者个人目标和偏好的影响。由于经理职位相关控制权损失的不可弥补性和经理离职后转换工作成本的存在，使他们具有职位固守的强烈动机。与西方国家相比，我国企业经理的显性报酬偏低，造成我国上市公司高管人员报酬与公司经营业绩之间不存在显著的正相关关系，作为一种约束手段，解雇使用更加频繁，也就是说，我国企业对经理的激励主要还是在位激励，职位是经理的主要利益来源。因此，经理存在管理防御动机也是一种理性选择。

由于经理人市场信息的不完全性和不对称性，股东无法深入了解所雇用经理的实际能力，而只能根据投资项目业绩来推断经理人的能力，这就说明经理下一期是否被留任取决于职业经理人市场对其价值的评估。因而经理人员就会尝试在市场不能完全确定其价值之前，影响市场对其自身价值的评估，体现在面临长短期两个投资项目决策时会选择次优的短期项目，以通过增长公司当前业绩达到自己被留任的目的。

根据以上分析提出本次实验假说：具有管理防御动机的经理人，在面临长短期投资决策时，会偏好选择短期项目进行管理防御，以稳固其职位。

6.2.2 实验假设条件

为了更好地控制实验研究中的变量，针对实验假说提出如下假设条件：

假设6-1： 经理人对企业投资决策具有决定作用。

假设6-2： 投资项目分为长期和短期两种类型，短期项目是在一个投资周期之后即可以获得回报，而长期项目花费的时间要等于或超过两个短期项目的时间，并且要在投资周期结束之后才能得到回报。短期项目收益具有较高的近期现金流量，长期项目的净现值会超过短期项目，由于市场不确定性和市场风险的存在，长期项目成功的概率低于短期项目成功的概率。无论长短期项目，都是可以使企业价值最大化的项目，而不是一些欠佳项目。

本章的研究目的是验证第4章中信号传递模型理论的适用性，因此延续第4章中信号传递模型的研究框架，需要按照能力高低对经理进行分类以便进行数据对比研究。在第4章对减少经理投资短视行为的分析中发现，公司治理制度中的适度惩罚或适度激励或两者同时采用将有助于减少经理投资短视行为的出现。为了体现惩罚和激励，需要按照转换工作成本的高低对经理进行分类进行对比研究。

陈等人（1998）的研究表明，经理人能力的高低和转换工作成本的高低都是影响其管理防御行为的重要因素，因此本次研究将经理人的能力和预期转换工作成本作为研究变量。关于经理人能力的界定有很多，麦克莱兰（1973）认为能力是指与工作或工作绩效或生活中其他重要成果直接相似或相联系的知识、技能、能力和特质；杨（Yeung，1995）认为能力素质是指一个人所拥有的导致在一个工作岗位上取得出色业绩的潜在特征；斯宾塞（1993）认为能力是指能将某一工作（或组织、文化）中有卓越成就者与表现平平者区别开来的个人的深层次特征。由于经理人的能力高低是无法直接观测的，本次研究综合以上研究成果选择以下项目用于测度经理人的能力高低：①经理执行项目的多少及平均收益率的高低；②经理每年执行新项目的比例；③经理对下属人才的培养能力；④企业近三年的主营业务利润率；⑤经理近三年的销售完成比率；⑥经理近三年的客户开发及维护比率；⑦经理近三年手下员工离职比率；⑧个人心理感受等。

前文提到的吉尔森的转换工作成本表明，对于经理人来说，解雇是一种很高的人力资本风险，这将导致经理人员的福利损失，并且受其个人财富的约束，这种福利损失对经理人来说代价很大，所以一旦有机会，经理人就有动机采取对自身有利的行为来降低不可分散的雇佣风险，以巩固现有职位，从而产生针对内部控制机制的管理防御行为。纳加拉詹、什特马克里齐南和斯里达尔（1995）在有关经理管理防御与声誉的研究中曾经将转换工作成本作为管理防御的替代变量，并认为引起转换工作成本的原因有声誉的损失、学习和熟悉新工作需付出的努力，但是他们没有就有关影响因素做进一步的研究。纳加拉詹（1995）认为，经理管理防御行为与其预期转换工作成本之间有着紧密联系，经理预期转换工作成本越高，其管理防御动机越强烈。目前对转换工作成本进行专门研究的文献很少，本次研究选择以下内容用于测度经理预期转换工作成本高低：①经理人年龄；②经理人学历；③经理人专业；④经理人所在行业；⑤经理人工作年限；⑥经理人持股比例；⑦年收入与自身期望匹配程度；⑧转换工作次数；⑨每次转换工作的关联程度；⑩个人心理感受等。

假设 6 - 3：经理人员能力和转换工作成本是不同的，根据能力高低和转换工作成本的高低可以将经理人员分为高能力高转换工作成本型、高能力低转换工作成本型和低能力高转换工作成本型三种类型。

假设 6 - 4：经理人员长短期投资决策的回报值可以被股东直接观察。股东希望投资项目的净收益能随经理能力的增加而增加，即股东期望高能力经理创造的净收益要超过低能力经理创造的净收益。

假设 6 - 5：在短期项目中，无论何种类型的经理都会创造收益，只不过高能力经理人创造高收益的概率更高；在长期项目中，高能力经理经营成功的概率要高于低能力经理经营成功的概率。

假设 6-6：低能力经理成功经营 1 个长期项目的收益低于高能力的经理经营 2 个短期项目的收益，高能力经理成功经营 1 个长期项目的收益高于低能力的经理经营 2 个短期项目的收益。而股东最大收益来自聘请高能力低转换工作成本类型的经理经营长期项目，其他两种类型的经理经营短期项目。

6.2.3 实验设计与实验方法

6.2.3.1 实验的基本流程

本次实验研究的基本流程如图 6-1 所示。

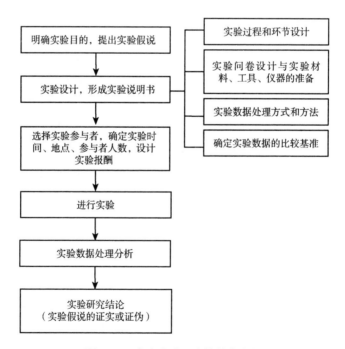

图 6-1 本次实验研究的基本流程

6.2.3.2 实验方法与实验问卷的设计

由于经理类型特征是不可直接观测的（实际上在上市公司的报表中也没有完全公布现任经理的个人职业背景），因此根据实验目的和所收集资料的属性，本次研究将采用情景模拟投资决策的方式进行，通过向实验参与者发放实验问卷取得两类重要的研究数据：第一类数据用于判断经理人员是否具有管理防御动机和所属类型并确定不同类型经理管理防御的程度；第二类数据用于判断经理人员在面对长短期两个投资项目时是否会由于管理防御动机的存在而导致投资短视行为的出现。与此相对应，实验问卷设计将分为两个部分（经问卷信度和效度检验修改之后形成的正式问卷见附录），分别满足不同数据收集的需要。

先根据文献和研究目的编制初始问卷，使用初始问卷对部分企业管理人员先进行小范围内的测试：将参与者分为人数相同的两组，使用 t 检验测试两组参与者之间的反应程度，将 t 检验结果未达显著性（$\alpha < 0.05$）标准的项目删除；然后根据测试结果和参与者的实际访谈情况，对初始问卷的内容进行再次修改后形成正式问卷。问卷各项目的衡量均采用改进的 4 点计分法来计算。

正式实验问卷的核心内容主要包括两个部分：第一部分是高级经理人自身特质调查，共 26 个问题，除了前两个问题是所在公司性质及所处职位以外，其余内容是将自身能力分解成 12 个问题，对应测度经理人能力高低，每个问题给出四个选项，赋予每个选项不同的分值，分值从高到低，依次为 9、6、3、0，实验参与者得分越高其能力越低；将预期转换工作成本分解成 12 个问题，每个问题给出四个选项，赋予每个选项不同分值，分值从低到高，依次为 0、3、6、9，实验参与者得分越高其预期转换工作成本越高。第二部分是投资项目决策实验，设计出企业的背景情境和一个长期、一个短期投资项目，让参与者扮演成为该企业总经理，并给出相应激励和约束条件，要求参与者根据现有情境在两个投资项目中做出选择。在数据处理上，将实验参与者的答题得分作为经理管理防御指数

（managerial entrenchment index，MEI），以此来判断经理是否具有管理防御动机，而且通过管理防御指数可以判断不同经理的管理防御程度和类型。

6.2.3.3 实验参与者

根据研究目的，本次实验选取参加某次企业管理高层论坛的参会者作为实验参与者，这些参与者无论从学历、心理还是个人工作实践经验等方面都与现实中的企业经理人员的特征和素养比较接近，实验结果也更容易被接受和推广。

6.2.3.4 实验数据的比较基准

为了保证实验结果比较基准具有比照性，本次实验以是否为私营企业所有者兼任本企业总经理为标准将实验参与者分为研究组和对照组两组。对照组的实验参与者均是私营企业所有者兼任本企业总经理，对他们而言所有权与经营权的统一，显然是不具有管理防御动机（或管理防御动机较弱）；研究组的实验参与者均非私营企业所有者兼任总经理者，可认为具有管理防御动机，这样分组可以更好地对比具有管理防御动机与不具有管理防御动机（或管理防御动机较弱）的经理人员在投资决策行为上的偏差。对研究组数据的分析与处理将建立在与对照组数据作为比较基准的基础上进行。

6.2.3.5 实验的物理环境及实验过程

本次实验在企业高层论坛专题会议结束之后进行，地点选在会议室，满足可重复性的要求；实验之前并没有预先告知实验参与者，这也是为了保证参与者完全在正常的、放松的心理下参与实验，满足环境仿真性的要求。

实验过程由一名主持人和两名辅助人员共同组织完成。首先由主持人说明实验的目的，强调提交答卷的匿名性；其次希望参与者能够按照自己的真实情况和想法做出选择，在答题期间不得相互交流；最后对所有参与者表示感谢，并表明在实验结束后将会为参与者发放报酬以感谢对本次实验的支持。

接下来实验正式开始，由实验辅助人员为每一位实验参与者分发实验问卷，然后由主持人宣读实验问卷上的实验目的和答题的方法，并宣布规则要求实验参与者在完成第一部分问题之后先暂停，并且在答题期间不得相互交流，之后实验参与者开始回答第一部分问题，这个过程大概需要 15 分钟。接下来主持人为实验参与者讲解问卷中投资决策项目的实验目的和规则，之后实验参与者可以开始阅读和做出选择，这个过程大概需要 15 分钟。在整个答卷过程中主持人可以回答参与者的提问，但回答问题的准则仅是阐明实验的过程，不提供其他新信息，尤其是不讨论实验的目标或预期结果。最后给实验参与者 5 分钟时间再次阅读检查答案，之后主持人宣布回收实验问卷，辅助人员开始回收问卷。问卷回收之后主持人宣布实验结束，辅助人员为参与者发放实验报酬。

6.3　基于管理防御的企业投资短视行为的实验数据统计

6.3.1　实验问卷的信度和效度检验

信度（reliability）主要是指测量结果的可靠性、一致性和稳定性，即测试结果是否反映了被测者的稳定的、一贯性的真实特征。在测量学中，信度系数被定义为：一组测量分数的真变异数与总变异数（实得变异数）的比率。即：

$$r_{xx} = \frac{S_T^2}{S_X^2} \text{或} \ r_{xx} = 1 - \frac{S_E^2}{S_X^2} \tag{6.1}$$

本次实验问卷的信度分析采用常用的克伦巴赫（Cronbach's alpha）信度系数测试问卷问题的内部一致性。其公式为：

$$\alpha = \frac{K}{K-1}\left(1 - \frac{\sum S_i^2}{S_X^2}\right) \tag{6.2}$$

其中，K 为问卷题目数，S_i^2 为某一测试题目分数的变异数，S_X^2 为测试总分的变异数。

使用 SPSS 软件对实验问卷中的各题目的信度系数测量计算结果如表 6 - 1 和表 6 - 2（同时列出其探索性因子分析结果）所示。

表 6 - 1 能力的 EFA 及信度分析

因子	问卷项目		因素负荷	α 系数
	编号	内容概述		
能力	T1	任职期间执行的项目个数	0.715	0.719
	T2	项目的平均成功率	0.823	
	T3	项目的平均收益率	0.663	
	T4	新项目平均收益占比	0.769	
	T5	人才培养情况	0.659	
	T6	主营业务利润平均增长幅度	0.686	
	T7	销售目标平均完成率	0.605	
	T8	客户平均开发率	0.711	
	T9	客户平均维持率	0.648	
	T10	员工的平均离职率	0.635	
	T11	创新、提高工作效率和改进方法	0.668	
	T12	及时发现并解决问题	0.817	
解释方差			61.751%	
KMO 值			0.866	
Bartlett 检验	Approx. Chi - Square		4816.728	
	df		36	
	Sig.		0.000	

表 6 - 2　　　　　　预期转换工作成本的 EFA 及信度分析

因子	问卷项目		因素负荷	α 系数
	编号	内容概述		
预期转换工作成本	C1	年龄	0.733	0.758
	C2	学历	0.635	
	C3	专业	0.732	
	C4	行业	0.733	
	C5	现企业的工作年限	0.734	
	C6	是否持股	0.723	
	C7	年收入与现任职位是否匹配	0.733	
	C8	转换工作的次数	0.823	
	C9	转换工作所在公司的行业关联度	0.733	
	C10	是否愿意转换工作行业	0.733	
	C11	寻求更多工作机会的代价大小	0.734	
	C12	对自身在职消费水平的满意程度	0.825	
解释方差			65.589%	
KMO 值			0.866	
Bartlett 检验	Approx. Chi - Square		3605.396	
	df		36.000	
	Sig.		0.000	

　　一般来说，克伦巴赫信度系数越高，则测试的信度越高。在基础研究中，信度至少应达到 0.8 才可接受；在探索性研究中，信度只要达到 0.7 表明信度在可以接受的范围，大于 0.7 小于 0.98 属于高信度，而低于 0.35 则为低信度，必须予以拒绝。根据德韦利斯（Devellis，2004）的研究，克伦巴赫信度系数低于 0.6 是不能接受的。根据表 6 - 1 和表 6 - 2 的数据可以看出，本问卷所涉及的两个可信度因子（reliability coefficients）的 α 系数都大于 0.7，说明问卷是可信的。

　　效度（validity）是指测验的有效性，即测验分数能代表所要测量的特性的程度，或测验结果达到测验目的的程度。本次实验研究问卷的效度分析主要是测量其理论结构效度（construct validity）。变量的结构效度是指某个指标在多大程度上刻画了所度量的结构变量而不是其他结构变量。

本次研究使用探索性因子分析（exploratory factor analysis，EFA）检验结构效度。在采用该方法之前，首先要对其适用条件进行检验。采用取样适当性指标（KMO）和巴利特（Bartlett）球形检验法进行分析。KMO 值越大表示变量间的共同因素越多，越适合进行因子分析，当 KMO 值小于 0.5 时不适合进行因子分析。此外 Bartlett 球形值的显著性也是判断是否进行因子分析的条件之一。从表 6-1 和表 6-2 可以看出，该问卷的 KMO 值和 Bartlett 检验都满足要求，表明问卷具有较好的信度和效度，可以用来进行实验结果的分析。

6.3.2 实验参与者基本信息数据统计

本次实验共 213 人参与，由于 3 名参与者中途离场致使 3 份问卷没有按照规定的实验流程完成，因此共回收有效问卷 210 份。实验参与者按照是否是私营企业所有者兼总经理分为研究组和对照组两组。其中研究组共 112 人，占实验参与者总数的 53.33%；对照组共 98 人，占实验参与者总数的 46.67%。所有实验参与者的基本情况见表 6-3。

表 6-3　　　　　　　　实验参与者的基本情况

		频数（人）	频率（%）			频数（人）	频率（%）
所在企业性质	国有企业	78	37.14	学历分布	硕士及以上	21	10.00
	私营企业	117	55.71		本科	97	46.19
	外商独资	2	0.95		大专	73	34.76
	中外合资	13	6.19		高中/中专及以下	19	9.05
	总计	210	100.00		总计	210	100.00

续表

		频数 （人）	频率 （％）			频数 （人）	频率 （％）
所处行业分布	社会服务业	34	16.19	年龄分布	35 岁以下	35	16.67
	机械制造业	67	31.90		35～45 岁	51	24.29
	高新技术业	50	23.81		45～55 岁	112	53.33
	其他行业	59	28.10		55 岁以上	12	5.71
	总计	210	100.00		总计	210	100.00

从表 6 - 3 数据来看，实验参与者主要分布在国有企业和私营企业，这两者占到总人数的 92.86％。实验参与者的学历构成表明参与者平均有较高的学历水平，对实验问卷项目和语言有着良好的理解能力，不会产生因理解错误出现的偏差。从年龄分布上看，实验参与者年龄主要集中在 45～55 岁，占总人数 53.33％，年龄分布也体现出实验参与者年龄涵盖的广泛性，没有出现参与者在年龄上的断层。总之，本次实验参与者在企业背景、行业、学历和年龄分布上都与实际情况相似，符合实验研究中为提高实验结果可信度（reliability）和可重复性而要求的"环境、体系和行为"要素。

6.3.3　研究变量的信息数据统计

在实验问卷中，理论上自身能力得分最高为 108 分，据此将经理人按照能力高低分为两类：自身能力得分在 [0，54] 之间，为高能力者；自身能力得分在 (54，108] 之间，为低能力者。理论上预期转换工作成本得分最高为 108 分，据此将经理人按照预期转换工作成本高低分为两类：预期转换工作成本得分在 [0，54] 之间，为低转换工作成本；预期转换工作成本得分在 (54，108] 之间，为高转换工作成本。然后，将研究组与对照组的两个研究变量分别配对，详细的数据统计结果见表 6 - 4。

表6-4 　　　　　　　　研究变量的信息数据统计

变　量	经理人自身能力		预期转换工作成本	
	高能力	低能力	高成本	低成本
频数（人）	110	100	113	97
频率（%）	52.38	47.62	53.81	46.19
分组后的变量配对	非私企所有者兼总经理（研究组）			私企所有者兼总经理（对照组）		
	高能力低转换工作成本	高能力高转换工作成本	低能力高转换工作成本	高能力低转换工作成本	高能力高转换工作成本	低能力高转换工作成本
频数（人）	46	32	34	33	28	37
频率（%）	41.07	28.57	30.36	33.67	28.57	37.76

6.3.4　管理防御指数的数据统计、散点图及描述说明

对于本次实验属于研究组的112名实验参与者的管理防御指数描述性统计见表6-5，管理防御指数散点图见图6-2。

表6-5 　　　　　　　　研究组管理防御指数的描述性统计

管理防御指数（得分）	频数（人）	频率（%）	累积百分比（%）
51	5	4.464	4.464
54	6	5.357	9.821
60	6	5.357	15.178
66	18	16.071	31.249
69	7	6.250	37.499
72	4	3.571	41.070
129	2	1.786	42.856
132	1	0.893	43.749
135	24	21.429	65.178
138	3	2.679	67.857
150	2	1.786	69.643
171	2	1.786	71.429
189	29	25.893	97.322
198	2	1.786	99.108
201	1	0.893	100.00
总计	112	100.000	—

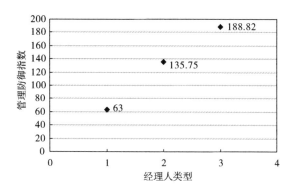

图6-2 研究组管理防御指数散点图

注：横轴表示经理人类型，高能力低转换工作成本者为1；高能力高转换工作成本者为2；低能力高转换工作成本者为3。竖轴表示管理防御指数。

根据实验问卷反馈信息，具有管理防御动机的经理人由于自身能力和预期转换工作成本的不同，其管理防御指数也不同，同时我们根据表6-5和图6-2，可得出管理防御指数分别集中在 [51，72]、[129，150]、[171，201] 这3个区域，因此我们将实验参与者所反映出来的管理防御动机划分为3个级别：管理防御指数在 [51，72] 范围内，说明经理人能力较强而预期转换工作成本较低，则管理防御级别为1级（即轻度）；管理防御指数在 [129，150] 范围内，代表经理人管理防御级别为2级（即中度）；管理防御指数在 [171，201] 范围内，代表经理人管理防御级别为3级（即高度）。从散点图可以看出管理防御指数越高其自身能力越低，而且转换工作成本越高；管理防御指数越低其自身能力越强，并且转换工作成本越低。

6.3.5 长短期投资项目决策实验的数据统计

在本次实验中，长短期投资项目决策实验的数据统计见表6-6。

表6-6　　　　　　　　　　项目决策实验数据统计

研究变量	非私企所有者兼总经理（研究组）			私企所有者兼总经理（对照组）		
	高能力低转换工作成本	高能力高转换工作成本	低能力高转换工作成本	高能力低转换工作成本	高能力高转换工作成本	低能力高转换工作成本
选择短期项目人数	36	29	34	3	16	36
比　例	78.26%	90.62%	100%	9.10%	57.14%	97.30%
选择长期项目人数	10	3	0	30	12	1
比　例	21.74%	9.38%	0%	90.90%	42.86%	2.70%
总　数	46	32	34	33	28	37

　　为了更好地比较这两个组的数据，使用直方图将两组数据放在同一个图中做对比（见图6-3）。

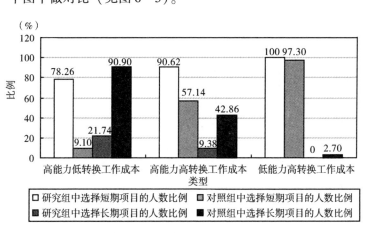

图6-3　两组实验结果的对照

　　通过图6-3可看出，在研究组中，无论能力和转换工作成本的高低，选择短期项目的比例都较高，且随着能力降低和转换工作成本的升高选择短期项目的人数比例在不断提高。对照组数据则表明对于高能力低转换工作成本、高能力高转换工作成本的两组参与者选择短期项目的比例均显著低于研究组，但是随着能力降低和转换工作成本的上升选择短期项目的比例显著提高。对于低能力高转换工作成本类型，两组选择短期项目的人数比例则没有明显差距，都比较高，达到 97% 以上。为了判断研究组选择短期项目的比例与管理防御指数高低是否有联系，将两者数据汇总见表 6 - 7。

表 6 - 7　　　　　研究组中选择短期项目者的管理防御指数

研究变量	非私企所有者兼总经理（研究组）		
	高能力低转换工作成本	高能力高转换工作成本	低能力高转换工作成本
选择短期项目人数	36	29	34
所占人数比例	78.26%	90.62%	100%
管理防御指数平均值	63.00	135.75	188.82

从表 6 - 7 可得出，研究组中不同类型的实验参与者即使同样选择了短期项目，但类型不同，其管理防御指数不同，所处的管理防御级别也不同。

6.3.6　实验结果分析

通过对以上结果观察，发现在面临长短期项目投资决策时，研究组与对照组的决策选择差距很大（见图 6 - 3），这主要是由于经理管理防御动机的存在所造成的。

在研究组中，高能力低转换工作成本类型中有 78.26% 的参与者选择短期项目，21.74% 选择长期项目，两者相差 56.52%，前者比例约为后者比例的 3.6 倍。通过对参与者选择原因的回答分析，由于经理人的能力和转换工作成本是隐性信息，股东只能通过项目的业绩表现判断经理能力的高低，而选择长期项目的风险性较高，且收益见效期较长，加大了自己被解聘的可能性，而且股东在通过经营业绩（信号）做出判断前无法给予自己期望的报酬，即使是低转换工作成本，离职也就意味着要损失在职利益及声誉等，相反如果选择短期项目，以上的代价与担心则会大大降低，如能在短时间内获得较好的投资项目收益（其中包括股东的信任、职位收益等），获得留任的机会就会增大，因此具有防御动机的经理人的最优选择是偏好短期项目。在对照组中，同类型的经理人有 9.10% 选择短期项目，90.90% 选择长期项目，两者差距为 81.80%，通过对选择原因的统计，发现该组参与者考虑更多的是哪一个项目会给企业创造更多的价值，他们通常会选择能使企业获得发展，能给企业带来更大价值的长期项目，虽然短期项目的近期收益高，但从长期来看短期项目并不占优势，经理人在有把握做好长期项目的前提下，会更注重企业的远期利益，实现企业价值最大化。

在研究组中，高能力高转换工作成本类型的参与者中，有 90.62% 选择短期项目，仅 9.38% 选择长期项目，两者差距为 81.24%，究其原因也是出于对经理职位的固守，该类型经理人由于转换工作成本较高，存在一定的择业困难，要想持续不断地获得在职收益就意味着必须要维持现有职位，当自身能力完全可以满足短期项目的运作需要，则对具有较大风险性的长期项目就会采取回避的态度。而在对照组中，有 57.14% 选择短期项目，42.86% 选择长期项目，两者差距仅 14.28%，分析选择原因可以得出主要是由于个人知识视野和风险偏好所造成的。

对于低能力高转换工作成本类型的参与者，研究组中 100% 选择了短期项目，对照组中有 97.30% 选择了短期项目，两者差距不大。这与参与者所期望的由于信息的不对称性，股东无法识别自己的真实能力，希望继续留任以获取稳定的在职收益有关；对照组中的参与者虽然对是否留任的问题考虑较弱，但囿于能力限制亦会倾向于选择相对有把握的短期项目。

此外，在研究组中，虽然三种类型的参与者选择短期项目的比例都比较高，但是类型不同，管理防御程度不同，选择短期项目的比例也不同（见表 6-7），数据表明随着能力下降和预期转换工作成本的提高，经理的管理防御程度呈上升趋势，其投资短视行为也更加显著。管理防御水平最低级别的是高能力低转换工作成本类型的参与者，其管理防御指数平均为 63 分，而管理防御级别最高的是低能力高转换工作成本类型，其管理防御指数平均为 188.82 分，两者相差 125.82 分，这说明管理防御指数较低的经理人在有可能的情况下会弱化其管理防御行为，做出有利于公司价值最大化的选择，这为降低经理管理防御、优化企业投资行为提供了思路。

6.4　本章小结

作为受到利己心理因素支配和影响的个人行为选择，经理的管理防御动机是一个个体心理因素指标，因此研究管理防御动机是否会影响公司投资决策是很难利用历史数据和实证分析方法来验证的。而实验研究直接以现实的人为对象，严格遵循实验规范与标准控制实验的运行，可以用于验证实验结果是否与原有的管理理论预期相一致，这样可以克服实证研究中数据匮乏等困难。为了验证第 4 章中有关经理管理防御动机与企业投资短视行为的信号传递模型的研究结果是否符合我国企业经理人员的实际情况，本章采用实验研究的方法对经理的管理防御动机和企业投资短视行为之间的关系进行研究，结论如下：

（1）本次实验验证了由于所有权与经营权的分离，经理人在内、外部威胁和压力下，会选择有利于维护自身职位并使自身效用最大化的决策行为，更加有力地支持了"管理防御假说"理论对我国企业经理人员同样适用。

（2）具有管理防御动机的经理人员在面对企业长、短期两个投资项目决策时，虽然长期项目的净现值会超过短期投资项目，但更倾向于选择风险较小且能带来较高近期现金流量的短期项目，即管理防御动机会导致经理人的投资短视行为，而且随着经理能力下降和预期转换工作成本的提高，其管理防御程度呈上升趋势，投资短视行为也更加显著。这一结果不仅验证了本书第 4 章中有关经理管理防御动机与企业投资短视行为的信号传递模型的研究结果的正确性，同时也有力支持了伦德斯特默（2002）认为的在企业中拥有投资决策权的经理人由于管理防御动机的存在会导致投资短视行为的理论在我国也同样适用。

第7章 建议与对策分析

　　经理是企业关键资源配置权的直接拥有者，在公司经营活动中发挥着重要作用，其投资决策与行为是否有效率将对企业价值是否最大化产生直接和重要的影响，然而经理管理防御动机的存在将导致经理做出与股东利益不一致的决策和行为。本书第4章、第5章和第6章的研究结果表明，经理的管理防御动机反映在具体的投资决策中将导致企业非效率投资行为的出现。由经理管理防御心理引发的非效率投资行为虽然有利于经理自身利益最大化目标的实现，但严重损害股东的利益，并降低企业资金的使用效率，减少企业的盈利水平，有损企业目标的实现，因此必须建立有效的制度机制预防和降低经理的管理防御动机和行为以减少企业的非效率投资行为的出现。根据心理学的研究理论，动机是导致行为的直接原因，动机的产生则是由于心理的需要，因此防范由于管理防御引发的非效率投资行为的发生，必须采取有效的措施降低经理的防御动机。

　　经理具有管理防御的动机首先是因为经理有固守职位的需要，这主要是由于经理在位才能享有对公司资产的控制权，通过包括投资决策在内的各种经营决策经理可以获得薪酬之外的额外收益，此外还有对离职转换工作成本和职业生涯声誉方面的考虑；而且我国企业经理的显性报酬偏低，这使解雇作为一种约束手段使用地更加频繁，也就是说，职位是经理的主要利益来源，因此经理存在管理防御动机也是出于个人需要的理性选择。

　　动机取决于效价和期望值两个因素。引起管理防御动机的效价V是经理主观认为的防御行动后果对自身的有用性，如果企业能采取有效的措施和对策降低经理主观认识的效价 V 就可以有效降低管理防御动机。由于效价 V 是经理心理上的主观认为，因此必须采取有效的激励措施降低经理对于职位固守的心理需要。职业生涯管理工作是企业人力资源管理工作的重要组成部分，体现了组织和员工共同发展的心理契约，通过职业生涯管理，可以使员工的生涯发展目标与组织发展目标相一致，帮助员工对影响其职业生涯的个人因素、组织因素和社会因素等进行分析，制订符合员工实际情况的事业发展战略设想与计划，并帮助员工实现其职业发展目标。因此特别针对引发企业非效率投资行为的经理管理防御心理设计的职业生涯管理措施能为经理提供长期的和内在的激励，使经理从心理上感觉自己的职业发展被企业所关心，离职后从心理和物质上都能得到一定程度的保障，在潜移默化中就可以降低和弱化经理对防御行动结果有用性的主观评价，这将直接降低管理防御动机并最终减少经理在进行投资决策时出现损害企业利益的非效率投资决策行为。

引起管理防御动机的期望值 E 是经理对实现目标可能性大小的估计，虽然管理防御动机涉及经理深层次的心理活动，但针对性强的约束机制对于降低管理防御动机，抑制企业非效率投资行为的出现是十分必要的。约束机制不但可以制约经理某些管理防御行为的出现，而且在心理上降低了经理对实现防御结果可能性的主观估计，即引起经理期望值 E 的降低，这将有助于从根本上降低经理的管理防御动机，减少非效率投资行为的出现。

国外的研究也表明，要从根本上遏制经理人员管理防御心理引发的非效率投资行为，必须建立有效的激励机制和约束机制。国外企业已经采用"三金"的办法来实现对企业高级管理人员的激励，即"金手镯""金阶梯"和"金降落伞"。"金手镯"是高管人员拥有公司的股权和期权；"金阶梯"是给高管人员铺好职业成长之路；"金降落伞"是在企业没有破产或被兼并之前为高管人员准备一笔丰厚的、可以解决其后顾之忧的资金。但是我国目前对企业高管人员的这些激励机制尚不完善。根据管理防御的心理特征和企业职业生涯规划工作的特点，采取必要措施和手段激发和完善经理的职业生涯规划，降低经理人员对职位的固守心理，减少非效率投资行为的出现是必要的也是可行的。

7.1 降低经理管理防御动机效价的职业生涯规划对策（激励机制）

针对经理管理防御心理引发的非效率投资行为的职业生涯管理措施可以包括以下几个方面：

（1）设计积极的薪酬计划，增强对经理人员的内在和长期激励。

经理是企业的高层管理者，对企业的成功经营起到至关重要的作用，因此必须承认经理人力资本的重要性，增加对经理人员的内在激励程度。现代企业理论研究表明，积极的经理人薪酬计划及激励制度可以缩小委托人和代理人的利益缺口，降低代理成本。阿加沃尔和萨姆维克（2003）通过比较静态学分析发现非效率投资行为中的多元化投资水平与经理报酬正相关，在控制经理报酬支付不变的情况下，企业价值与投资多元化之间呈现负相关关系，在多元化投资水平不变的条件下，增加经理激励水平有利于提高企业价值，从而在理论上第一次证明了增加经理报酬有利于减少企业的非效率投资行为。美国心理学家 J. S. 亚当斯的公平理论也表明，经理在把自己获得的报酬和收入比率与他人或者以往的报酬和投入的比率进行比较时，只有在感觉前者大于后者的情况下才会激发士气，增加对组织的工作投入以寻求公平的感觉。因此积极的薪酬计划是降低经理管理防御心理动机的重要物质保证。此外可以对经理人员采用股权期权激励的办法，通过经理人持股计划增强对经理的长期激励作用，减少经理对未来预期的不确定性，降低管理防御动机。

我国目前的股票创业板市场上出现的多位高管辞职的现象就充分说明长期激励可以有效减少高管对职位的固守心理，提高投资决策时的决策效率。

（2）为经理人员设计针对性强的职业生涯计划，为其提供离职时的个人培训计划，建立经理离职金计划和退休金计划。

在为经理人员设计职业生涯计划时应考虑个人的实际情况，需要根据年龄大小对经理人员采取不同的措施。对于比较年轻的经理人员，其职业生涯周期还很长，可以通过经理访谈，帮助经理完成个人评估、组织评估和环境分析，协助经理确定个人职业生涯发展目标和实现策略，为经理进行职业生涯发展的培训需求分析，进行在职培训或为其提供离职时的个人培训计划以帮助其重新寻找合适的工作岗位；除了职业上的关注，还可以为其准备离职金计划，在其离职时发放离职金。对于年龄较大的经理人员则需要建立退休金计划。这些计划和措施将有效解除经理人员在经济上的后顾之忧，使其可以全身心地投入企业的经营管理工作中，减少由于对离职或退休后的经济顾虑而出现非效率投资决策行为。

（3）关注经理心理危机、职业危机和挫折管理。

担任经理职位的人员通常处于职业生涯的中期或后期阶段，对于处于职业生涯后期阶段的经理人员，可以考虑为其拟订退休计划，维护其职业工作、家庭情感和自我发展三者之间的均衡。对于处于职业生涯中期阶段的经理人员，这一阶段既是个体生命周期中最重要的阶段，也是个人职业生涯周期中最重要的时期，由于生物社会生命周期、职业生涯周期和家庭生命周期这三个生命周期的交叉和重叠，个人将面临许多健康、事业、家庭等多方面的问题，这些问题以及个人特质的急剧变化将会给个人造成巨大的心理压力，如果这些问题得不到有效解决，心理危机和职业危机的出现将会给经理人员带来职业上的困扰，这对企业和经理本人的发展都是极为不利的。健康成熟的心态是降低经理管理防御动机的重要心理保障，因此企业的职业生涯管理应当关注经理人员的心理危机和职业危机，按照《职工带薪年休假条例》为经理安排带薪休假，减轻其工作压力，在经理人遭遇健康、事业和家庭问题时提供必要的心理干预和辅导，尤其是当经理人员出现职业危机时进行旨在帮助经理人员渡过困境的挫折管理，帮助他们正确控制自己的感情，保持积极进取和乐观的心态，积极寻找解决矛盾和问题的新方案，维护经理人员工作、家庭和自我发展三者之间的平衡。这些措施不仅可以将职业生涯中期的危机转化为对企业和经理个人有利的机会，而且可以减少和降低经理职位固守的管理防御心理，避免非效率投资行为的出现。

（4）强化企业文化的同化作用，强调终身学习，激发经理人潜能。

企业文化环境是人力资源开发和成长的重要外部条件，优秀的企业文化强调尊重、关心、培养和终身学习的良好氛围，对员工产生积极的激励和同化作用。企业通过日常的员工活动和培训开发等工作在企业内部建立终身学习、开拓进取的良好风气和氛围，通过为经理人员提供在职培训开发，鼓励和引导经理人员积极进取、不断激发自己的潜在能力，增强企业文化的激励和同化作用。强调和重视终身学习、不断激发潜能的企业文化环境也有助于经理人员从心理上自发地抵制管理防御动机的出现，避免在投资决策中出现损害企业利益的非效率投资行为。

（5）建立重视长期效果的绩效考核制度，加强对管理防御行为的人力资源监管措施。

企业在重视职业生涯管理工作的同时也必须重视以职业生涯发展为导向的绩效管理制度。绩效考核不仅仅评价员工以往的工作绩效，更重要的是把绩效考核的结果和个人未来的发展以职业生涯规划的形式紧密联系在一起。针对降低经理管理防御动机和行为的职业生涯管理举措中必须包括必要的制度约束机制。为经理人员量身定制的绩效考核计划，应该将考核的重点放在经理的财务决策对企业的长期影响上，在考核时需要将每年的考核结果进行对比，采取长短期结合更注重长期效果的绩效考核计划。这种着眼于长期的考核制度将有助于避免经理为了过分追求短期效果而放弃从长期来看对企业更有利的投资决策行为。企业为经理制订积极的薪酬计划和长期股权激励计划、离职时的个人培训计划、离职金计划、退休金计划、关注心理危机、职业危机和挫折管理的同时必须制订配套的绩效考核约束机制，这也是对经理人员在享受这些措施的同时能努力投入工作，提高企业资金使用效率，减少管理防御行为的必要制度保证。

（6）建立经理继任计划，对未来可能的继任人进行预防性职业道德培训。

经理继任计划是为了保证组织在现任经理离职或退休时能在最短的时间内获取最适合的人才填补职位空缺的一系列人力资源管理制度和措施。在企业确定经理未来可能的继任人之后，除了为继任人进行必要的技术和管理技能上的培训和开发之外，还应该同时进行防患于未然的经理职业道德培训。职业道德培训是人力资源开发工作的重要组成部分，不仅能防范员工未来的管理防御行为而且对于加强企业文化建设、增强企业凝聚力、提高企业竞争力和预防职务犯罪都具有深刻意义。职业道德培训是降低未来经理管理防御行为的内在的、非强制性的防范性机制。

通过以上为职业经理人员定制的针对降低经理管理防御动机效价的职业生涯规划措施，可以增强对经理人员的心理激励，经理对未来的预期有了明确的把握，就可以降低对职位本身的固守心理，减少投资决策时对自身利益过多考虑而导致的非效率投资决策。

7.2 降低经理管理防御动机的期望值，优化企业投资行为的约束机制

本书第4章的分析研究发现，公司治理中适度的惩罚和激励机制都有助于减少经理的投资短视行为，只有适度的激励才有助于减少经理的"敲竹杠"长期投资行为。这也从理论模型上说明激励和约束机制是减少企业非效率投资行为的有效手段和措施。对经理人员的激励可以通过企业职业生涯规划来完成，而约束机制就需要制定针对经理投资决策和企业投资制度环节的内部治理机制来实现。专门针对经理管理防御导致的非效率投资行为的内部治理机制措施主要包括以下几点。

（1）加强董事会的监督作用，建立科学合理的投资决策制度。

董事会制度是公司制企业的重要监督机制，董事会能否发挥对经理人员的监督作用主要取决于董事会的效率大小和独立性高低。为了充分发挥董事会的监督作用，应该提高董事会的独立性，杜绝总经理兼任董事长的现象，从人数数量上提高外部董事的比例或引入独立董事，并为该部分董事建立长效激励机制（如董事持股计划）增强对监督的激励。

此外，理性、科学的投资决策制度和透明、规范的决策程序是治理企业非理性投资行为蔓延的便捷有效和切实可行的途径。公司内部控制制度的重要作用之一就是从制度上规范和约束经理人员的自利行为，针对经理非效率投资行为决策的制度和措施主要是减少经理在投资决策中的经理自主度，因此应发挥和加强董事会在投资决策中的监督作用，在决策制度上充分体现对经理的监督和监管，避免经理人员由于个人心理、情感、喜好、作风、胆略、价值观和经验等纯粹依赖于个人感观直觉的精英型、直觉型和随意型的独断专行决策模式。具体来说，可以建立外部董事或独立董事参与的决策团队和程序性、规范化的投资决策程序，当遇到重要决策时使用决策团队民主化决策的方式代替个人决策的方式，尽量排除个人意志和权利对投资决策的影响。

（2）制定限制企业自由现金流量滥用的约束条件。

第5章的实证分析结果表明，企业的投资水平与拥有的自由现金流量显著正相关，在我国目前上市公司中，投资不足现象比过度投资现象更加普遍，在对过度投资行为的治理上，控制企业可自由支配的现金流量比提高企业负债比例的作用更加显著。因此要治理企业的过度投资现象，需要对企业的自由现金流量进行制度约束。Jensen（1986）等的研究就认为，派发现金股利是减少企业自由现金流量的有效方法之一，能抑制管理层滥用自由现金流量的现象，从而减少经理的过度投资行为。

我国证监会也将上市公司是否派发现金股利作为公司再融资的条件之一，而且对上市公司派发现金股利做出了明确规定，这不仅可以保护投资者的利益，而且利用减少企业自由现金流量的方法可以在一定程度是制约企业的过度投资行为。

（3）提高负债比重作为资本结构决策中的制度约束。

企业的非效率投资行为将带来企业价值的减损，如果风险来自外部的破产和被接管，经理出于职业前景和固守目前职位的原因将有动机降低这种外部风险，因此，如果将提高负债比重作为资本结构决策中的制度约束，经理考虑到债务导致的破产和被接管威胁是可信的情况下，会将可控制的现金流用于优先偿还公司债务从而避免过度投资行为。但是这种制度约束很容易导致投资不足的发生，这时在债务方式的选择上，可以考虑采用发行带有可赎回条款的可转换债券的方式。可转换债券这一特殊的债务方式，在抑制经理的非效率投资行为决策方面可以发挥独特的作用：当负债的存在有利于阻止经理的过度投资行为时，可转换债券作为企业债务不发生转换；而当债务过多导致经理出现投资不足行为时，可转换债券可以转换为股权，减少企业的破产风险，进而缓解投资不足的非效率投资行为。

（4）建立针对经理管理防御的惩罚机制。

第 4 章的分析研究发现，公司治理中适度的惩罚和激励机制都有助于减少经理的投资短视行为。有效的公司内部控制制度应该能在经理做出有损企业价值行为时对经理进行惩罚直至解聘。从成本角度来说，经理在进行投资决策时会考虑管理防御行为被企业发现时所付出的成本（声誉损失、经济惩罚和解聘等），如果这种成本大于自己从管理防御行为中的获利，那么经理很可能会放弃管理防御行为，从制度上来说，这种惩罚机制是非常必要的。考虑到经理一旦被解聘将会有声誉上的损失，如果能建立外部约束机制，将可以有效规范经理的职业行为，减少经理的道德风险行为。外部约束机制的建立主要是进一步完善经理人员市场，通过建立职业经理人员评价委员会和职业经理人员事务所，这样既可以使在位的经理人员面临更大的职业竞争压力，防范职业道德风险行为，又能使企业所有者充分利用市场机制对经理人进行准确定价，减少雇佣中的信息不对称。

7.3 本章小结

在管理防御假说提出之前，大部分关于公司代理问题的文献都假定公司财务政策的选择是基于股东财富最大化，而管理防御视角下的公司财务政策选择则更多地会受到管理者个人目标和偏好的影响，经理的管理防御行为会增加代理成本，损害股东利益并造成企业的非效率投资行为，因此，在管理实践中必须采取积极有效的措施防范经理管理防御行为，这对于企业提高自身价值和竞争力有着非常积极和重要的作用。根据本书第3章和第4章的研究结果，要从根本上减少经理人员管理防御心理引发的非效率投资行为，必须建立有效的激励机制和约束机制。在激励机制上，可以采取有效的职业生涯管理措施实现对经理人员的内在和长期激励；激发和完善经理人员的职业生涯规划；解除经理人员的后顾之忧；关注经理人员的心理健康；激发经理人员的潜能；加强对管理防御行为的人力资源监管措施；对未来可能继任人进行预防性职业道德培训等。这些措施和手段不仅可以预防和降低经理的防御心理和非效率投资行为的出现，减少企业的代理成本，而且将经理职业生涯发展目标与企业发展目标相融合，体现了组织利益和经理利益协调统一的双赢原则。在约束机制上，应该加强董事会的监督作用，建立科学合理的投资决策制度；制定限制企业自由现金流量滥用的约束条件，提高负债比重作为资本结构决策中的制度约束和建立针对经理管理防御的惩罚机制等措施优化企业投资行为，防范经理管理防御行为的出现。

第8章 结论与展望

8.1 主要研究结论

本书以经理管理防御的动因对企业非效率投资行为的影响机理作为研究起点,对经理管理防御心理与非效率投资行为产生的原因进行了分析,并采用非对称信息下的动态博弈模型进一步研究了经理的管理防御动机如何导致企业非效率投资行为出现的原因和机制,最后使用实证研究和实验研究相结合的方法验证了模型的现实性。本书的主要研究结论如下:

(1)成就动机中避免失败的心理是引发管理防御动机的内在原因;信息不对称导致的风险和激励是引发管理防御动机的外在原因;自利性是引发经理管理防御动机的本质原因。具体反映在投资决策中,经理避免失败的心理是引发企业非效率投资行为的内在原因;投资决策过程中的信息不对称导致的风险和激励是引发非效率投资行为的外在原因。经理管理防御动机的影响因素可以分为两类:一类是通过影响效价 V 最终影响经理管理防御动机强度的经理自身特征,包括经理的人力资本专用性、年龄、学历、任期、专业和职业经历和报酬水平等内容;另一类是通过影响期望值 E 最终影响经理管理防御动机强度的公司内部治理机制,包括公司的股权结构、董事会特征、经理的持股比例和经理自主度等内容。函数模型分析结果表明:从事管理防御行为被发现的概率、经理从企业获得的报酬收入、经理从企业获得的报酬收入的现值系数的大小与经理的管理防御动机呈反向变动关系；从事管理防御行为获得的额外收益、从事管理防御行为被发现解聘得到的报酬、经理从事管理防御行为获得的额外收益的现值系数的大小与经理的管理防御动机呈正向变动关系；而经理的任期与经理的管理防御动机关系比较复杂。

（2）经理的职位威胁既来自外部接管也来自内部的公司治理，过度投资与投资不足两种非效率投资行为的出现主要和经理判断的企业承受的破产风险的高低直接相关；投资短视和"敲竹杠"长期投资两种非效率投资行为的出现主要和经理认为的股东对自身能力高低的判断相关。当经理判断企业不存在破产风险时，为了向外部投资者传递企业经营业绩好的信号经理会选择高投资水平而并不考虑项目净现值的大小，如果此时投资项目的净现值小于零就出现过度投资的非效率投资行为；当经理判断企业的破产风险较高时，为了降低这种外部风险，经理就会尽可能地避免投资而不考虑项目净现值大小，如果此时投资项目的净现值大于零就会出现投资不足的非效率投资行为。此外，为了避免企业的破产，经理除了可以采取不投资的行为之外，还可以通过采取某些投资措施来降低破产概率，如采取多元化投资策略以分散破产风险，这样既可以维持一定的投资水平，又有效降低了破产概率，但是如果多元化投资策略组合中出现了其他非效率行为就是多元化折价投资的非效率投资行为。由于经理人市场上的信息不对称和市场风险的存在，经理对长短期项目的选择是无法作为有效的信号用于股东对经理类型的判断，如果经理不具备与股东谈判的条件和能力，出于职位固守的需要，当经理面对长短期两个互斥的可行性投资项目时，均会选择短期项目以稳固自己的职位而并不考虑哪个项目具有更高的净现金流量，如果此时长期项目的净现金流量较高则出现投资短视类型的非效率投资行为；但是如果经理的人力资本具有专有性，具备与股东谈判和讨价还价的能力，当经理面对长短期两个互斥的投资项目时，则会选择长期投资项目使股东无法在长期项目收益实现之前解雇自己，如果此时短期项目的净现金流量较高则出现"敲竹杠"长期投资类型的非效率投资行为。分析还表明,对于经理的过度投资行为,股东的损失可以通过企业市场价值的提高得到弥补,因此股东有可能放任经理的过度投资行为;公司治理中适度的惩罚和激励机制都有助于减少经理的投资短视行为;但是只有适度的激励才有助于减少经理的"敲竹杠"长期投资行为。

(3)通过实证研究验证了"企业破产风险与过度投资与投资不足两种非效率投资行为的出现直接相关"的研究结论,而且揭示出在我国目前上市公司中,投资不足现象比过度投资现象更加普遍,在对过度投资行为的治理上,控制企业可自由支配的现金流量比提高企业负债比例的作用更加显著。

通过实验验证了由于所有权与经营权的分离,经理人在内、外部威胁和压力下,会选择有利于维护自身职位并使自身效用最大化的决策行为,更加有力地支持了"管理防御假说"理论对我国企业经理人员同样适用;具有管理防御动机的经理人员在面对企业长、短期两个投资项目决策时,虽然长期项目的净现值会超过短期投资项目,但更倾向于选择风险较小且能带来较高近期现金流量的短期项目,即管理防御动机会导致经理人的投资短视行为,而且随着经理能力下降和预期转换工作成本的提高,其管理防御程度呈上升趋势,投资短视行为也更加显著。这也说明伦德斯特默(2002)认为的在企业中拥有投资决策权的经理人由于管理防御动机的存在会导致投资短视行为的理论在我国也同样适用。

(4)经理的管理防御行为不仅损害股东利益,还会对公司价值造成减损,要从根本上降低经理人员的管理防御行为,减少企业的非效率投资行为,必须建立有效的激励机制和约束机制。在激励机制上,可以采取有效的职业生涯管理措施实现对经理人员的内在和长期激励;激发和完善经理人员的职业生涯规划;解除经理人员的后顾之忧;关注经理人员的心理健康;激发经理人员的潜能;加强对管理防御行为的人力资源监管措施;对未来可能继任人进行预防性职业道德培训等。这些措施和手段不仅可以预防和降低经理的防御心理和行为,减少企业的代理成本,抑制和减少企业非效率投资行为的出现，而且将经理职业生涯发展目标与企业发展目标相融合，体现了组织利益和经理利益协调统一的双赢原则。在约束机制上，应该加强董事会的监督作用，建立科学合理的投资决策制度；制定限制企业自由现金流量滥用的约束条件，提高负债比重作为资本结构决策中的制度约束和建立针对经理管理防御的惩罚机制等措施优化企业投资行为，提高资金使用效率，防范经理管理防御行为的出现。

8.2　主要创新之处

通过研究，本书在以下几方面实现了创新。

（1）综合运用管理学、经济学和心理学的理论对经理管理防御动机的产生原因进行了多角度的系统分析，研究结果发现：成就动机中避免失败的心理是引发管理防御动机的内在原因；信息不对称导致的风险和激励是引发管理防御动机的外在原因；自利性是引发经理管理防御动机的本质原因。

根据期望理论将影响经理管理防御动机的因素分为两大类：一类是通过影响效价 V 最终影响经理管理防御动机强度的经理自身特征；另一类是通过影响期望值 E 最终影响经理管理防御动机强度的公司内部治理机制。

通过建立函数模型，对经理管理防御动机的影响因素进行分析发现：经理从事管理防御行为被发现的概率、经理从企业获得的报酬收入、经理从企业获得的报酬收入的现值系数的大小与经理的管理防御动机呈反向变动关系；经理从事管理防御行为获得的额外收益、经理从事管理防御行为被发现解聘得到的报酬、经理从事管理防御行为获得的额外收益的现值系数的大小与经理的管理防御动机呈正向变动关系；而经理的任期与经理的管理防御动机关系比较复杂。

（2）根据非效率投资行为的特点，将过度投资和投资不足作为一组、投资短视和"敲竹杠"长期投资作为一组分别采用信号传递博弈模型进行均衡分析发现：经理的职位威胁既来自外部接管也来自内部的公司治理，过度投资与投资不足两种非效率投资行为的出现主要和经理判断的企业承受的破产风险的高低直接相关；投资短视和"敲竹杠"长期投资两种非效率投资行为的出现主要和经理认为的股东对自身能力高低的判断相关。

均衡分析发现，当经理判断企业破产风险较低时，可较少考虑投资项目净现值的大小，为了向外部投资者传递企业经营业绩好的信号经理会选择高投资水平，此时容易出现过度投资行为；当经理判断企业的破产风险较高时，为了降低这种外部风险，经理就会尽可能地避免投资，此时容易出现投资不足行为。多元化投资策略本身是经理用以分散破产风险的手段，如果在其中出现了其他非效率投资行为就是多元化折价投资。投资短视与"敲竹杠"长期投资行为的出现是由于经理人市场上的信息不对称和市场风险的存在，经理对长短期项目的选择无法作为有效信号用于股东对经理类型的判断，因此如果经理不具备与股东谈判的条件和能力，当经理面对长短期两个互斥的投资项目时，均会选择短期项目以稳固自己的职位而不考虑投资项目净现值的高低，此时容易出现投资短视类型的非效率投资行为；但是如果经理的人力资本具有专有性，具备与股东谈判和讨价还价的能力，当经理面对长短期两个互斥的投资项目时，则倾向选择长期投资项目使股东无法在长期项目收益实现之前解雇自己，此时容易出现"敲竹杠"长期投资类型的非效率投资行为。

（3）在企业实践中，经理采取某种财务决策的真实动机是不可直接观察的，经理会因为各种原因隐瞒自己的真实心理，甚至于经理可能自为而不自知，因此很难从财务数据和资料中确认经理的动机与行为选择之间的因果关系，鉴于实证研究方法的局限，本书通过实验研究的方法验证了管理防御动机会导致经理人的投资短视行为，而且随着经理能力下降和预期转换工作成本的提高，其管理防御程度呈上升趋势，投资短视行为也更加显著，从而更有力地支持了"管理防御假说"的现实存在。

8.3　研究不足与有待于进一步研究的问题

与传统的代理理论相比，经理管理防御理论更注重对人的心理和需要的关注，这既是目前行为金融学领域的研究问题之一，也是一个对企业实践具有指导意义的研究范围。本书仅对经理管理防御所导致的企业非效率投资问题进行了初步研究和分析，经理心理和行为的复杂性以及由此导致的各种后果和行为之间的机制仍然需要今后进一步的深入研究。本书的主要不足和需要今后继续研究的内容如下。

（1）关于经理管理防御的影响因素，本书侧重于分析影响经理管理防御动机强度的经理自身特征和影响经理管理防御动机强度的公司内部治理机制涉及的内部因素，并没有研究企业外部环境因素对经理管理防御心理的影响。未来的研究中应结合经理自身特征、企业内外部环境对经理心理的综合影响进行进一步的探讨和研究。

（2）由于篇幅所限，第6章仅对经理管理防御动机与企业的投资短视行为之间的关系采用实验研究的方法进行了验证，而经理的管理防御动机产生的心理背景和特点、管理防御动机与其他非效率投资行为之间的理论则需要采用实验研究的方法进行进一步的研究和验证，以全面揭示经理的管理防御动机的内在规律性和管理防御动机如何导致其他非效率投资行为的作用机理。

（3）作为一个心理指标，经理的管理防御动机很难使用已有的方法进行衡量和测度，今后应该对经理管理防御测度的方法进行进一步的研究，突破目前无法对经理的管理防御心理进行测度的研究"瓶颈"。

（4）管理防御作为经理的一种心理动机贯穿经理的整个职业生涯周期，但是在不同的职业生涯阶段，经理的心理需求的侧重点不同，必然会对管理防御的心理动机造成影响，即经理的管理防御动机和心理具有动态性和发展性，今后可以针对不同职业生涯阶段的特点进一步分析经理的管理防御心理和行为。

附录

经理管理防御实验研究问卷

您好!

感谢参与"经理管理防御实验研究"的调查工作!本问卷是某高校为了对我国企业经理人员的管理防御问题进行实验研究而专门设计的,旨在对经理人员的某些特质和投资决策行为之间的关系进行研究。

说明:

(1)本次调查为匿名调查,任何个人信息都将严格保密,所以不必担心个人资料的外泄,请按照自己的真实情况和想法如实填写;

(2)本问卷分为两个部分,请在完成第一部分问题后暂停,等待主持人进行第二部分内容的讲解;

(3)第一部分的选择题请为每个问题选择最符合自己实际情况的答案,直接在选项前面的"□"里划"√";

(4)请各位答题者在答题过程中不要私自交谈和讨论。

第一部分 高级经理人自身特质调查

1. 请问你所在公司的性质是?

□A. 私营企业　　　　　　　　□B. 国有企业

□C. 外商独资企业/跨国公司　　□D. 外商合资/合作企业

2. 请问你的职位是?

□A. 财务总监　　　　　　　　□B. 技术总监

□C. 市场总监　　　　　　　　□D. 其他高级管理职位

□E. 私营企业所有者兼任本企业总经理

T1. 你在任职期间, 共执行过多少项目?

☐A. 1~3 个 ☐B. 3~6 个

☐C. 6~10 个 ☐D. 10 个以上

T2. 这些项目平均的成功概率是多少?

☐A. 40% 以下 ☐B. 50%~70%

☐C. 80%~90% ☐D. 90% 以上

T3. 这些项目为公司实现的平均收益率是多少?

☐A. 10% 以下 ☐B. 20%~30%

☐C. 40%~50% ☐D. 60% 及 60% 以上

T4. 近三年来, 你所执行的新项目平均收益占总平均收入的比率是多少?

☐A. 10% 以下 ☐B. 20%~30%

☐C. 40%~50% ☐D. 60% 及 60% 以上

T5. 你的人才培养情况如何?

☐A. 凡事都是我亲力亲为, 没有人能够有突出表现

☐B. 现在我手下的员工还有待培训, 大都从事公司基本事务, 只有 1~2 名担任中下层管理岗位

☐C. 现在我手下的员工可以算是中坚力量, 有一些担任公司中层管理岗位职位

☐D. 现在我手下的员工都是公司的骨干力量, 并大多数担任公司中高层管理岗位职位

T6. 近 3 年公司主营业务利润平均增长幅度是多少?

☐A. 10% 以下 ☐B. 20%~30%

☐C. 40%~50% ☐D. 60% 及以上

T7. 近 3 年公司销售目标完成率的平均水平是多少?

☐A. 10% 以下 ☐B. 20%~30%

☐C. 40%~50% ☐D. 60% 及以上

T8. 近 3 年客户开发率的平均水平是多少?

☐A. 10% 以下 ☐B. 20%~30%

☐C. 40%~50% ☐D. 60% 及以上

T9. 近3年客户维持率的平均水平是多少？

□A. 10%以下 □B. 20%～30%

□C. 40%～50% □D. 60%及以上

T10. 近3年你手下员工的平均离职率是多少？

□A. 30%及以上 □B. 20%～30%

□C. 10%～20% □D. 10%以下

T11. 你是否经常给自己设定较高的目标，在工作中不断创新，以提高工作效率和改进方法？

□A. 应付日常的工作就已经很耗费很大精力了，其他没时间

□B. 偶尔有，但创新基本没有想过

□C. 有时，偶尔也有创新工作方法

□D. 经常，我喜欢创新，并且都把它运用到工作中

T12. 在工作中是否能及时发现与工作相关的问题，组织解决问题的关键人员，并采取行动来解决突发问题？

□A. 工作中因为很少碰见，因此不知道自己是否能应付，可能要花比较长的时间才能解决问题

□B. 不太能，需要一个过程去发现问题的本质，这段时间里问题在变得严重

□C. 有时能，但一般都在问题发生以后，迅速找到关键点

□D. 能，经常在问题发生前就已经解决

C1. 请问你的年龄是多少？

□A. 35岁以下 □B. 35～45岁

□C. 45～55岁 □D. 55岁以上

C2. 请问你的学历？

□A. 硕士及以上 □B. 本科

□C. 大专 □D. 高中/中专及以下

C3. 请问你所学的专业？

□A. 经济管理或艺术文学类 □B. 电子工程类

□C. 机械、建筑工程类 □D. 其他专业

C4. 公司所处的主要行业是？

□A. 社会服务业 　　　　　　　□B. 机械制造业

□C. 高新技术行业 　　　　　　□D. 其他行业

C5. 你在现在企业工作的年限？

□A. 3 年以内（不包括 3 年）　　□B. 3~5 年（不包括 5 年）

□C. 5~8 年（不包括 8 年）　　　□D. 8 年及以上

C6. 你拥有公司股份的比例？

□A. 不拥有 　　　　　　　　　□B. 小于 2%（不包括 2%）

□C. 2%~5%（不包括 5%）　　　□D. 5% 及以上

C7. 请问你的年收入与你现任职位是否匹配？

□A. 不匹配，并没有给予与我能力相吻合的工作

□B. 略匹配，略差于期望年收入

□C. 匹配，基本上满足我所期望的年收入

□D. 高于我期望的工资，我十分满意现今收入

C8. 你转换工作的次数？

□A. 6 次及以上 　　　　　　　□B. 3~5 次

□C. 1~2 次 　　　　　　　　　□D. 0 次

C9. 每次转换工作所在公司的行业关联度？

□A. 完全不相干

□B. 属于关联一般的行业

□C. 同属于一个行业或关联度极大的行业

□D. 就是同一家公司

C10. 如果一家企业聘请你去做高层经理，然而这家企业所从事的事情对你来说完全是一个新领域，你是否接受这个邀请呢？

□A. 接受邀请，我相信我有能力快速的学习新知识

□B. 还需要再考虑，学习消化是一个过程，有可能无法快速上手而导致企业出现问题

□C. 不太想去，还要重新学习知识，不如只在一个领域做好

□D. 不接受，因为不熟不做

C11. 现在外部经理人市场竞争激烈，你觉得舍弃现在的报酬去

寻求更多机会是否代价太大？

　　□A. 代价不大，我喜欢不断挑战自己

　　□B. 代价有些，但我自信还能找到更好的工作

　　□C. 代价有点大，怕自己不太能适应现在如此激烈的竞争

　　□D. 代价很大，还是考虑在现在职位上继续工作

　　C12. 请问你对自身在职消费水平的满意程度（在职消费指可以通过办公费、差旅费、业务招待费、通信费、出国培训费、董事会费、小车费等费用项目报销私人支出）？

　　□A. 不在乎是否有在职消费　　　□B. 不满意

　　□C. 比较满意　　　□D. 很满意

　　********* 你已经完成了第一部分的问题，请暂停

等候主持人对第二部分内容的讲解！**********

第二部分　投资项目决策实验

　　欢迎继续参加本次调查的第二部分"投资项目决策实验"，该实验通过工作情景模拟的方式，首先为你介绍一种逼真的工作情境，接着让你"扮演"给定的角色，要求你在规定的时间内完成一个项目投资决策问题，根据你的选择对经理管理防御动机与投资决策行为之间的关系进行研究。

　　注意：如果你本身是私营企业主兼任本企业总经理，则需要忽略是否留任的问题，即无论项目成功与否你都将继续留任，请在忽略留任问题之后做出选择。

　　公司背景及项目情况介绍：

　　X公司是国内最大的水泥生产企业，目前公司经营状况良好，一直都处于行业领先地位，每年都实现持续增长的盈利，连续几年被评为中国500家最佳经济效益企业。但近年来水泥生产行业竞争激烈，公司为了实现新的增长点，决定投资新的项目，拓展公司未来的经营利润来源。目前有两个项目在等着现任总经理进行决策审

批，经理对项目的决策实施拥有完全决定权，即总经理对项目的选择不必通过股东或董事会的审批即可付诸实行。由于企业资金所限，总经理只能选择其中一个项目进行投资。股东对总经理的了解仅来自经理自身的客观显性信息，如性别、年龄、学历和专业等等，对于经理的实际能力和其他隐性信息则不了解，股东只能根据投资项目实施一期后的收益，来决定是否留任现任总经理。两个项目的实际情况如下。

（1）短期项目——Y 砌块生产线项目。

公司计划投资 2098 万元，从世界上最大的砌块设备生产商引进其专利产品 Y 砌块生产线。Y 砌块实质上是一种性能优良且节约资源的砌块，被美、日、德等国家作为主要建筑材料，在我国也将其作为技术进步项目而鼓励生产、推广使用，而目前国内生产能力远远不能满足市场需求。公司为了适应市场需求，发挥本地资源优势和技术优势，拟投资建设该生产线，形成年产 1100 万块普通承重标准砌块的生产能力。该项目投资 1 年后可以实现盈利，股东预期年收益率可达 9.98%，具有良好的经济效益和社会效益。

（2）长期项目——西式瓦生产线项目。

公司计划投资 2220.01 万元，建设一条年产 300 万件西式瓦生产线。由于西式瓦产品技术创新，花色多样，吸水性较低，而被欧美和日本建筑行业广泛采用，国内市场需求不断增加，市场发展前景十分广阔。公司将依托自己的技术、人才和资源优势，投资从日本引进西式瓦生产线。经论证，该项目利润增长稳定，投资 2 年后可以实现盈利，股东预期年收益率可达 12.8%，是一个较好的工业投资项目。如果实施成功，能给公司带来较大的经营突破，巩固公司在竞争中的优势地位，但如果引入生产线以后不能适应公司的生产，新产品的销售额无法优于原有产品的销售额，就意味着公司将会被对手赶超，甚至会出现财务危机。

情景模拟：

假设你现在就是 X 公司的现任总经理，你对这两个项目拥有绝对的决策权。你的处境如下：

1. 无论是短期还是长期项目，由于市场的不确定性投资都有失败的可能，实施短期项目成功的可能性依赖于你对自身特点和客观市场环境的判断；

2. 虽然长期项目的收益较高，但由于投资回收期较长，长期项目将承担更大的市场风险，即长期项目成功的可能性低于短期项目成功的可能性，同样实施长期项目成功的可能性依赖于你对自身特点和客观市场环境的判断；

3. 你在任期内的年薪在你成为该公司的经理时已经与公司协议约定，为每年 10 万元 + 项目分红；

4. 如果你选择了短期项目，如果项目实施后的收益率未能达到股东预期的收益率，那么股东将在任期结束时解雇你，如果项目实施后的收益率达到或超过股东预期的收益率，那么股东将给予你 5 万元作为项目分红，并在下一期继续留任你；

5. 如果你选择了长期项目，如果项目实施后的收益率未能达到股东预期的收益率，那么股东将在任期结束时解雇你，如果项目实施后的收益率达到或超过股东预期的收益率，那么股东将给予你 10 万元作为项目分红，并在下一期继续留任你。

请问你的选择是：

A. 选择长期项目　　　　　　　　B. 选择短期项目

请说明选择 A 或 B 的理由：＿＿＿＿＿＿＿＿＿＿＿＿＿＿＿

******** 你已经完成了全部的调查内容，请等候
主持人的安排，不要擅自离开！*********

参考文献

[1] 张功富, 宋献中. 我国上市公司投资: 过度还是不足?——基于沪深工业类上市公司非效率投资的实证度量 [J]. 会计研究, 2009 (5): 69 –77.

[2] 陈艳. 股权结构与国有企业非效率投资行为治理——基于国有企业上市公司数据的实证分析 [J]. 经济与管理研究, 2009 (5): 49 –54.

[3] 梅丹, 毛淑珍. 终级控制人属性、私人收益动机与非效率投资——基于我国上市公司 2004～2006 年的经验证据 [J]. 经济与管理研究, 2009 (5): 41 –48.

[4] 朱庆伟. 高管薪酬激励与上市公司非效率投资 [D]. 广州: 暨南大学硕士学位论文, 2008: 6.

[5] 郑玲. 我国上市公司过度投资行为的识别 [J]. 中南财经政法大学学报, 2008 (4): 85.

[6] 杨少华. 股东与债权人利益冲突引起的非效率投资行为实证研究 [D]. 长沙: 湖南大学硕士学位论文, 2007: 6.

[7] 崔萍. 中国上市公司投资不足和过度投资研究 [D]. 广州: 暨南大学博士学位论文, 2006: 6.

[8] Berle A. A, Means G. C. The Modern Corporation and Private Property (Revised Edition) [M]. New York: Harcourt, Brace and World Inc., 1932.

[9] Jensen, M. C., W. H. Meckling. Theory of the Firm: Managerial Behavior, Agency Costs and Ownership Structure [J]. Journal of Fi-

nancial Economics, 1976, 3 (2): 305 – 360.

[10] Morck R, A. Shleifer, Vishny. Management Ownership and Market Valuation-An Empirical Analysis [J]. Journal of financial Economics, 1988 (20): 1.

[11] Jorge Farinha. Dividend Policy, Corporate Governance and the Managerial Entrenchment Hypothesis: An Empirical Analysis [J]. Journal of Business Finance and Accounting, 2003 (11): 1173 – 1211.

[12] 李增泉. 激励机制与企业绩效: 一项基于上市公司的实证研究 [J]. 会计研究, 2000 (1): 24 – 30.

[13] 魏刚. 高级管理层激励与上市公司经营绩效 [J]. 经济研究, 2000 (3): 39.

[14] 周立, 贺颖奇. 我国上市公司高级经理人补偿决定因素的实证研究 [J]. 当代经济科学, 2003 (2): 67 – 74.

[15] 胡铭. 上市公司高层经理与经营绩效的实证分析 [J]. 财贸经济, 2003 (4): 59 – 62.

[16] 谌新民, 刘善敏. 上市公司经营者报酬结构性差异的实证研究 [J]. 经济研究, 2003 (8): 55 – 63.

[17] 薛许军, 吴晓萍. 我国上市公司经理层报酬激励机制研究 [J]. 当代经济科学, 2005 (7): 79 – 84.

[18] 袁春生, 杨淑娥. 经理管理防御与企业非效率投资 [J]. 经济问题, 2006 (6): 40 – 42.

[19] 黄国良, 程芳. 基于管理防御视角的中国上市公司股权融资偏好. 管理现代化, 2007 (4): 59.

[20] 李秉祥, 曹红, 薛思珊. 我国经理管理防御水平测度研究 [J]. 西安理工大学学报, 2007 (4): 431.

[21] Myers S. C. Determinants of Corporate Borrowing [J]. Journal of Financial Economics, 1977, 5 (1): 147 – 175.

[22] Verdi, Rodrigo S. Financial Reporting Quality and Investment Efficieney [J]. University of Pennsylvania Working Paper, 2006.

[23] Shleifer A. , R. Vishny. Managerial Entrenchment: The Case

of Manager – Specific Investment［J］. Journal of Fnancial Economics，1989，25（1）：123 – 140.

［24］Lundstrum. Corporate Investment Myopia：A Horserace of the Theories［J］. Journal of Corporate Finance，2002（8）：353 – 371.

［25］朱克江. 经营者薪酬激励制度研究［M］. 北京：中国经济出版社，2002.

［26］宋德舜，宋逢明. 国有控股、经营者变更和公司绩效［J］. 南开管理评论，2005（1）：10 – 15.

［27］龚玉池. 公司绩效与高层更换［J］. 经济研究，2001（10）：75 – 82.

［28］朱红军. 高级经理人员更换与经营业绩［J］. 经济科学，2004（2）：82 – 82.

［29］柯江林，张必武，孙健敏. 上市公司总经理更替、高管团队重组与企业绩效改进［J］. 南开管理评论，2007（4）：104 – 112.

［30］袁春生. 公司治理中经理管理防御及壁垒效应研究［M］. 北京：中国财政经济出版社，2008.

［31］Stulz. Rene. Managerial Control of Voting Rights：Financing Policies and the Market for Corporate Control［J］. Journal of Financial Economics，1988（20）：25 – 54.

［32］沈艺峰，沈洪涛，洪锡熙. 后资本结构理论的形成与发展［J］. 厦门大学学报，2004（1）：25 – 31.

［33］刘星，魏锋，戴玉光. 经理管理防御下的公司股利政策研究［J］. 中国会计评论，2004，12（2）：363 – 376.

［34］袁春生，杨淑娥. 经理管理防御下的公司财务政策研究综述［J］. 会计研究，2006（7）：77 – 82.

［35］肖作平. 公司治理结构对资本结构类型的影响［J］. 管理世界，2005（9）：137 – 147.

［36］胡国柳，黄景贵，裘益政. 股权结构与企业资本支出决策：理论与实证分析［J］. 管理世界，2006（1）：54 – 63.

［37］Berger. P. G，E. Ofek，D. L. Yermack. Managerial Entrenchment and Capital Structure Decisions [J]. Journal of Finance, 1997, 52 (4): 1411 –1438.

[38] Weir, C. and J. Peter. Director Entrenchment and the Takeover Process: Some UK Evidence [J]. Journal of Applied Management Studies, 1999, 8 (2): 133 – 144.

[39] Gilson S C. Management Turnover and Financial Distress [J]. Journal of Financial Economy, 1989, 25 (2): 241 – 262.

[40] 李秉祥, 张明, 武晓春. 经理管理防御对现金股利支付影响的实证研究 [J]. 中南财经政法大学学报, 2007 (6): 134 – 140.

[41] Fama, E. F, M. C. Jensen. Separation of Ownership and Control [J]. Journal of Law and Economics, 1983, 88 (2): 301 –325.

[42] Aghion P, Bolton. An Incomplete Contract Approach to Financial Contracting [J]. Review of Economic Studies, 1992 (59): 474 –492.

[43] 周其仁. "控制权回报" 与 "企业家控制的企业" [J]. 经济研究, 1997 (5): 31 –42.

[44] 朱国泓, 杜兴强. 控制权的来源与本质: 拓展、融合及深化 [J]. 会计研究, 2010 (5): 54 –61.

[45] Baumol W. J. Business Behaviour, Value and Growth. NewYork: Macmillan, 1959.

[46] Hambrick D. C, Finkelstein S. Managerial Discretion: a Bridge between Polar views of Organizational Outcomes [J]. Research in Organizational Behavior, 1987 (9): 369 –406.

[47] Grossman S. J. , Hart O. D. One Share-one Vote and the Market for Corporate Control [J]. Journal of Financial Economics, 1988, 20 (1): 175 –202.

[48] Guth, Michasel. Speculative, Behavior and the Operation of Competitive Markets Uncertainty [J]. Ashgate Publishing Company, 1994.

[49] Adam Smith. The Wealth of Nations [M]. New York: The Modern Library, 1776: 66.

[50] Jensen, M. C. Agency Costs of Free Cash Flow, Corporate

Finance, and Takeovers [J]. American Economic Review, 1986, 76 (3): 323 - 329.

[51] Lang, Larry H. P. , Robert H. Litzenberger. Dividend Announcements Cash flow Signalling Vs. Free Cash FloW Hypothesis? [J]. Journal of Financial Economics, 1989 (24): 181 - 192.

[52] Strong, John. S, Meyer John. R. An Analysis of Shareholder Rights Plans [J]. Managerial and Decision Economics, 1990, 11 (2): 73 - 86.

[53] Vogt Stephen C. The Cash Flow、Investment Relationship: Evidence from U. S. Manufacturing Firms [J]. Financial Management, 1994 (5): 3 - 20.

[54] Richardson Scott. Over-investment of Free Cash Flow and Corporate Governance [J]. Working Paper, University of Pennsylvania, 2003.

[55] Stulz R M. Managerial Discretion and Optional Financing Policies [J]. Journal of Financial Economics, 1990, 26 (1): 3 - 27.

[56] Hirshleifer D. , A. V. Thakor. Managerial Conservatism, Project Choice and Debt [J]. Review of Financial Studies, 1992 (5): 437 - 470.

[57] Jensen, Farrell E. Lawson, John S. , Langemeier, Larry N. Agricultural Investment and Internal Cash Flow Variables [J]. Review of Agricultural Economics, 1993, 15 (2): 295 - 306.

[58] Stephen C. V. , The Cash Flow Investment Relationship: Evidence form U. S [J]. Financial Management, 1994, 23 (2): 3 - 20.

[59] Shin, Hyun-han and Kim, Yong H. Agency Costs and Efficiency of Business Capital Investment: Evidence from Quarterly Capital Expenditures [J]. Journal of Corporate Finance, 2002, 8 (2): 139.

[60] M. P. Narayanan. Managerial Incentives for Short-term Results [J]. Journal of Finance, 1985, 40 (5): 1469 - 1484.

[61] Oliner, Stephen D. , Glenn D. Sources of the Financing Hier-

archy for Business Investment [J]. Review of Economics and Statistics, 1992 (7): 643 –654.

[62] Stein, Jenery C. Agency Information and Corporate Investment-Handbook of the Economics of Finance [M]. Constantinides G, Harris M. and Stulz R. (Eds.), Amsterdam, North Holland, 2003: 111 – 165.

[63] Morgado A., Pindado J. The Under Investment and Overinvestment Hypotheses-An Analysis Using Panel Data [J]. European Financial Management, 2003 (2): 163 –177.

[64] Nagarajan, Stvaramakrishnan, Sridhar. Managerial Entrenchment, Reputation and Corporate Investment Myopia [J]. Journal of Accounting Auditing and Finance, 1995, 10 (3): 565 –585.

[65] T. H. Noe, M. J. Rebello. Renegotiation, Investment Horizons and Managerial Discretion [J]. Journal of Business, 1997 (70): 385 –407.

[66] Len Lundstrum. Corporate Investment Myopia: A Horserace of the Theories [J]. Journal of Corporate Finance, 2002 (8): 353 –371.

[67] M. P. Narayanan. Managerial Incentives for Short-term Results [J]. Journal of Finance, 1985, 40 (5): 1469 –1484.

[68] M. P. Narayanan. Managerial Incentives for Short-term Results: a Reply [J]. Journal of Finance, 1987, 42 (6): 1103 –1104.

[69] Rajan, Raghuram G., Servaes, Henri, Zingales, Luigi. The Cost of Diversity: The Diversification Discount and Inefficient Investment [A]. CEPR Discussion Papers, 1998: 1801.

[70] Scharfstein D. S. The Dark Side of Internal Capital Markets II: Evidence from Diversified Conglomerates [J]. Working Paper, National Bureau of Economic Research, Cambridge, 1998.

[71] Lamont O. Cash Flow and Investment: Evidence from Internal Capital Markets [J]. Journal of Finance, 1997 (52): 83 – 109.

[72] Berger P. G., Hann R. The Impact of SFAS 131 on Information and Monitoring [J]. Journal of Accounting Research, 2003 (41): 163 –223.

[73] M. Jensen. Agency Costs of Free Cash Flow, Corporate Finance and Takeovers [J]. American Economic Review, 1986, 76: 3 - 27.

[74] Demsetz, Harold, Lehn, Kenneth. The Structure of Corporate Ownership: Causes and Consequences [J]. Journal of Political Economy, 1985, 12 (6): 1155 - 1177.

[75] Gadhoum Y, Lang L. H. P, Young L. "Who Control US?" [J]. European Financial Management, 2005 (11): 339 - 363.

[76] Attig N. , Gadhoum Y. , Lang L. H. "Bid-ask Spread, Asynunetric Information and Ultimate Ownership" [R]. Working Paper, 2003.

[77] Ehrhardt O. , Nowak E. Private Benefits and Minority Shareholder Expropriation-Empirical Evidence from IPOs of German Family-Owned Firms [J]. Working Paper, 2003.

[78] La porta, Lopez-De-Silanes, Shleifer, Vishny. Tunneling [J]. The American Economic Review, 2000, 90 (2): 22 - 27.

[79] Alexander Dyck, Luigi Zingales. Private Benefits of Control: An International Comparison [J]. The Journal of Finance, 2004 (59): 537 - 588.

[80] Hakan Orbay B, Burcin Yurtoglu. The Impact of Corporate Governance Structures on the Corporate Investment Performance in Turkey [J]. Corporate Governance: An International Review, 2006 (4): 349 - 363.

[81] Martin H. , Peter H. Pyramidal Discounts: Tunneling or Overinvestment? [R]. Working Paper, 2007, SSRN.

[82] Shilzer. R. Speculative Price and Popular Models [J]. Journal of Economic Perspeetives, 1990 (42): 55 - 65.

[83] Xueping Wu, Zheng Wang. Equity Financing in a Myers - Majluf Framework with Private Benefits of Control [J]. Journal of Corporate Finance, 2005 (11): 915 - 945.

[84] Guo chang Zhang. Ownership Concentration, Risk Aversion and the Effect of Financial Structure on Investment Decisions [J]. European Economic Review, 1998, 42 (9): 1751 - 1778.

[85] Cressy Robert, Olofsson Christer. European SME Financing: An Overview [J]. Small Business Economics, 1997, 9 (2): 87 –96.

[86] Filatotchev Igor, Strange Roger, Piesse Jenifer, Lien Yung-Chih. FDI by Firms from Newly Industrial Economics in Emerging Markets: Corporate Governance, Entry Mode and Location [J]. Journal of International Business Studies, 2007, 38 (17): 556 –570.

[87] Fazzari, Steven M. , Michael Athey. Asymmetric Information, Financing Constraints and Investment [J]. Review of Economics and Statistics, 1987, 69 (3): 481 –487.

[88] Jaffee D. M. , Russell T. Imperfect Information, Uncertainty and Credit Rationing [J]. Quarterly Journal of Economics, 1976 (90): 651 –666.

[89] Myers. S. C and Nicholas. S. Majluf. Corporate Financing and Investment Decision when Firms have Information that Investors do not Have [J]. Journal of Financing Economics, 1984 (13): 187 –221.

[90] Heinkel R. , Zechner J. The Role of Debt and Preferred Stock as A Solution to Adverse Investment Incentives [J]. Journal of Financial and Quantitative Analysis, 1990 (25): 1 –24.

[91] Bebchuk, Lucian, Arye, Lars. Stole: Do Short-Term Objectives Lead to Under-or Overinvestment in Long-Term Projects [J]. Journal of Finance, 1993 (48): 719 –730.

[92] Grenadier, Steven R. , Wang N. Investment Timing, Agency and Information [J]. Journal of Financial Economics, 2005 (75): 493 –533.

[93] Hope, ole-kristian, Thomas, Wayne B. Managerial Empire Building and Firm Disclosure [J]. Working Paper, 2008.

[94] Merton, Robert. Continuous-Time Finance [M]. Basil Blackwell Inc, 1990.

[95] Roll R. The Hubris Hypothesis of Corporate Takeovers [J]. Journal of Business, 1986 (59): 197 –216.

[96] Shiller. R. Conversation Information and Herd Behavior [J].

American Economic Review, 1990 (85): 181 – 185.

[97] Shilzer. R. Speculative Price and Popular Models [J]. Journal of Economic Perspeetives, 1990 (42): 55 – 65.

[98] Odean. T. Are Investors Reluctant to Realize Their Losses [J]. Journal of Finance, 1998 (53): 1775 – 1798.

[99] Daniel kent, David Hirshleifer, A. Subrahmanyam. Investor Psychology and Security Market under and Over Reactions [J]. Journal of Finanee, 1998.

[100] Froot, Kernneth A. , David S. Scharfstein, JerelnyC. Stein. Herd on the Street: Informational Inefficiencies in a Market with Short-term Speculation [J]. Journal of Finanee, 1992 (47): 1461 – 1484.

[101] Heaton J. B. Managerial Optimism and Corporate Finance [J]. Financial Management, 2002 (31): 33 – 45.

[102] Odean T. Do Investors Trade Too Much? [J]. American Economic Review, 2002 (89): 1279 – 1298.

[103] Baker M. , Stein J. , Wurgler J. When Does the Market Matter? Stock Prices and the Investment of Equity-Dependent Firms [J]. Quarterly Journal of Economics, 2003 (118): 969 – 1006.

[104] Malmendier, Ulrike, Geoffrey Tate. CEO Overconfidence and Corporate Investment [J]. Journal of Finance, 2005 (60): 2661 – 2700.

[105] 梅丹, 周松. 我国上市公司长期投资短视识别及原因辨析 [J]. 生产力研究, 2005 (12): 185 – 188.

[106] 李胜楠. 基于委托代理理论的非效率投资行为述评——以融资方式为主线 [J]. 中南财经政法大学学报, 2008 (4): 23.

[107] 文宏. 融资偏好与融资效率——我国上市公司的实证研究 [J]. 上海金融, 1999 (9): 33 – 35.

[108] 赵守国, 王炎. "债" 与上市公司治理途径 [J]. 财经科学, 1999 (6): 23 – 26.

[109] 叶生明. 委托代理框架下的企业投资行为研究 [D], 上海: 复旦大学博士学位论文, 2006: 104.

[110] 冯巍. 内部现金流量和企业投资——来自我国股票市场上市公司财务报告的证据 [J]. 经济科学, 1999 (1): 51-57.

[111] 何金耿, 丁加华. 上市公司投资决策行为的实证分析 [J]. 证券市场导报, 2001 (9): 44-47.

[112] 张翼, 李辰. 股权结构、现金流与资本投资 [J]. 经济学 (季刊), 2005 (19): 229-246.

[113] 张中华, 王治. 内部现金流与中国上市公司投资行为: 一个综合分析框架 [J]. 当代经济科学, 2006 (6): 58-65.

[114] 刘朝晖. 外部套利、市场反应与控股股东的非效率投资决策 [J]. 世界经济, 2002 (7): 71-79.

[115] 李增泉, 孙铮, 王志伟. "掏空" 与所有权安排 [J]. 会计研究, 2004 (12): 3-13.

[116] 张祥建, 徐晋. 股权再融资与大股东控制的 "隧道效应" ——对上市公司股票再融资偏好的再解释 [J]. 管理世界, 2005 (11): 127-136.

[117] 何源, 白莹, 文翘翘. 负债融资、大股东控制与企业过度投资行为 [J]. 系统工程, 2007 (3): 61-66.

[118] 何金耿. 上市公司投资决策的价值依据——来自上市公司的直接证据 [J]. 南京社会科学, 2002 (7): 32-36.

[119] 潘敏, 金岩. 信息不对称、股权制度安排与上市企业过度投资 [J]. 金融研究, 2003 (1): 36-45.

[120] 魏锋, 刘星. 融资约束、不确定性对公司投资行为的影响 [J]. 经济科学, 2004 (2): 35-43.

[121] 欧阳凌, 欧阳令南, 周红霞. 股权制度安排、信息不对称与企业非效率投资行为 [J]. 当代经济科学, 2005 (4): 72-78.

[122] 童盼, 支晓强. 股东——债权人利益冲突对企业投资行为的影响——基于中国上市公司的模拟研究 [J]. 管理科学, 2005 (5): 65-74.

[123] 童盼, 陆正飞. 负债融资、负债来源与企业投资行为——来自中国上市公司的经验证据 [J]. 经济研究, 2005 (5): 75-84.

［124］陆正飞，韩霞，常琦．公司长期负债与投资行为关系研究——基于中国上市公司的实证分析［J］．管理世界，2006（1）：120－128．

［125］辛清泉，林斌．债务杠杆与企业投资：双重预算软约束视角［J］．财经研究，2006（7）：73－83．

［126］饶育蕾，汪玉英．中国上市公司大股东对投资影响的实证研究［J］．南开管理评论，2006（10）：67－73．

［127］支晓强，童盼．管理层业绩报酬敏感度、内部现金流与企业投资行为——对自由现金流和信息不对称理论的一个检验［J］．会计研究，2007（10）：73－81．

［128］蒋宏伟，张栋．上市公司自由现金流与投资行为的实证研究［J］．经济理论，2008（4）：40－44．

［129］郝颖，刘星．上市公司股权融资与投资行为研究——基于非有效市场视角［J］．科研管理，2008（9）：126－137．

［130］刘星，曾宏．我国上市公司非理性投资行为：表现、成因及治理［J］．中国软科学，2002（1）：66－70．

［131］郝颖，刘星，林朝南．我国上市公司高管人员过度自信与投资决策的实证研究［J］．中国管理科学，2005（5）：142－147．

［132］艾明晔，齐中英．R&D项目恶性增资行为分析：认知偏差视角［J］．技术经济与管理研究，2006（2）：33－34．

［133］刘超．企业恶性增资：委托代理视角及中国的实证［J］．河北大学学报（哲学社会科学版），2004（3）：66－68．

［134］Jensen M. C. , Warner J B. The Distribution of Power Among Corporate Managers, Shareholders and Directors ［J］. Journal of Financial Economics, 1988（20）：3－24.

［135］Demsetz H. , Villalonga. Ownership Structure and Corporate Performance ［J］. Journal of Corporate Finance, 2001（7）：209－233.

［136］Mc Connell J. , Servaes H. Additional Evidence on Equity Ownership and Corporate Value ［J］. Journal of Financial Economics, 1990（27）：596－612.

[137] Cho, M. H. Ownership Structure, Investment and the Corporate Value: An Empirical Analysis [J]. Journal of Financial Economics, 1998 (47): 103 – 121.

[138] Cui H. N. , Mak T. Y. The Relationship between Managerial Ownership and Firm Performance in High R&D Firms [J]. Journal of Financial Economics, 2002 (64): 317 – 340.

[139] Core J. E. , Larcker DF. Performance Consequences of Mandatory Increases: In Executive Stock Ownership [J]. Journal of Corporate Finance, 1999, 5 (1): 79 – 101.

[140] Novaes W. , Zingales. Capital Structure Choice when Managers in Control: Entrenchment versus Efficiency [J]. NBER Working Paper, 1995.

[141] Zweibel J. Dynamic Capital Structure under Managerial Entrenchment [J]. American Economic Review, 1996 (86): 1197 – 1215.

[142] Novaes. Managerial Turnover and Leverage under a Takeover Threat [J]. Working Paper, University of Washington, 2000.

[143] Defond, Park. The Effect of Competition on CEO Turnover [J]. Journal of Accounting and Economics, 1999 (27): 35 – 36.

[144] Pagana M, Volpin P. F. The Political Economy of Corporate Governance [J]. The Journal of Finance, 2005 (2): 841 – 868.

[145] Olubunmi Faleye. Classified Boards Firm Value and Managerial Entrenchment [J]. Journal of Financial Economics, 2007 (2): 501 – 529.

[146] Williamson. Economics of Discretionary Behavior: Managerial Objectives in A Theory of Firm, Englewood.

[147] Murphy K J. Corporate Performance and Managerial Remuneration: An Empirical Analysis [J]. Journal of Accounting and Economics, 1985: 7 (1).

[148] Blanchard O. J. , Lopez-de-Silanes F. , Shleifer A. What do Firms do with Cash Windfalls? [J]. Journal of Financial Economics, 1994 (36): 337 – 360.

［149］Conyon M，K Murphy，The Prince and the Paper? CEO Pay in the U. S and the U. K ［J］. Economic Journal，2000（10）：640 – 671.

［150］Abe de Jong，Chris Veld. An Empirical Analysis of Incremental Capital Structure Decisions under Managerial Entrenchment ［J］. Journal of Banking and Finance 2001，25（10）：1857 – 1895.

［151］Bertrand，Marianne，Mehta，Paras P.，Mullainathan，Sendhil. Ferreting out Tunneling：An Application to Indian Business Groups ［J］. The Quarterly Journal of Economics，2002，117（1）：121 – 148.

［152］N L Ross，A Shepard. Firm Diversification and CEO Compensation ［J］. Rand Journal of Economics，1997（28）.

［153］詹家昌，刘维琪，吴钦杉. 经理人固守职位、声誉与内部报告 ［J］. 交大管理学报，1996，2（16）：113 – 138.

［154］詹家昌，刘维琪，吴钦杉. 经理人固守职位与盈余预估策略 ［J］. 交大管理学报，1997，2（16）：113 – 1348.

［155］詹家昌，刘维琪，吴钦杉. 风险、固守职位与经理契约 ［J］. 中兴企业管理学报，1996，2（16）：113 – 138.

［156］詹家昌，刘维琪，吴钦杉. 经理人固守职位、股权与短视投资 ［J］. 管理与系统，1997，1（5）：33 – 58.

［157］詹家昌. 讯息、固守职位与投资决策 ［J］. 亚太经济管理评论，1998，1（2）：31 – 45.

［158］洪兴立. 企业组织中的经理固守职位 ［J］. 理财者，2004（7）：15 – 17.

［159］袁春生，杨淑娥. 经理管理防御动因、策略及其经济后果——基于人力资本专用性和专有性的分析 ［J］. 管理现代化，2008（3）：39 – 41.

［160］李秉祥，薛思珊. 基于经理人管理防御的企业投资短视行为分析 ［J］. 系统工程理论与实践，2008（11）：55 – 61.

［161］张海龙，李秉祥. 经理管理防御对企业过度投资行为影响的实证研究——来自我国制造业上市公司的经验证据 ［J］. 管理评论，2010（7）：82 – 89.

[162] 韩亮亮,李凯,宋力.高管持股与企业价值——基于利益趋同效用与壕沟效应的经验研究 [J].南开管理评论,2006 (9):36-40.

[163] 李维安,李汉军.股权结构、高管持股与公司绩效——来自民营上市公司的证据 [J].南开管理评论,2006 (10):4-10.

[164] 巩震,金永生,等.中国上市公司管理层持股与公司绩效实证分析 [J].北京邮电大学学报 (社会科学版),2008,12 (10):44-47.

[165] 李新春,杨学儒,姜岳新,胡晓红.内部人所有权与企业价值——对中国民营上市公司的研究 [J].经济研究,2008 (11):27-39.

[166] 李彬,章军.经营者持股水平与公司绩效——基于日本公司2001~2006年面板数据的实证分析 [J].软科学,2009,6 (23):43-47.

[167] 杨淑娥,苏坤.终极控制、自由现金流约束与公司绩效——基于我国民营上市公司的经验证据 [J].会计研究,2009 (4):78-86.

[168] 刘星,安灵.大股东控制、政府控制层级与公司价值创造 [J].会计研究,2010 (1):69-78.

[169] 黄国良,董飞,范珂.管理防御对公司业绩影响实证分析——来自中国上市公司的证据 [J].经济理论与经济管理,2010 (8):52-58.

[170] 李秉祥,曹红,薛思珊.我国经理管理防御水平测度研究 [J].西安理工大学学报,2007,4 (23):427-431.

[171] 李秉祥,薛思珊.经理管理防御与企业投资行为研究:述评与展望 [J].当代经济管理,2007,12 (29):14-18.

[172] Williamson, O. Markets and Hierarchies [M]. New York: The Free Press, 1975.

[173] [美] 加里.S.贝克尔著,王业宇,陈琪译.人类行为的经济分析 [M].上海:上海人民出版社,2004.

［174］董克用. 人力资源管理概论（第二版）［M］. 北京：中国人民大学出版社，2007：148 － 151.

［175］冯根福，马亚军. 上市公司高管人员自利对资本结构影响的实证分析［J］. 财贸经济，2004（6）：16 － 21.

［176］吴淑琨，柏杰，席酉民. 董事长与总经理两职的分离与合——中国上市公司实证分析［J］. 经济研究，1997（8）：21 － 28.

［177］张维迎. 博弈论与信息经济学［M］. 上海：上海人民出版社，2009：1 － 2.

［178］阮青松，狄瑶. 中国企业经理人是自利和理性的吗？——一个实验经济学研究［J］. 上海管理科学，2008（1）：47 － 50.

［179］Linnenbrink EA, Pintrich PR. Motivation as an Enable for Academic Success［J］. School Psychological Research，2002，31（3）：313 － 327.

［180］Nicholls. Motivation In：H. E. Mitzled. Encyclopedia of education research［M］. New York：Macmillian，1982：1256 － 1263.

［181］Atkinson J. , Birch D. An introduction to motivation［M］. New York：Van Nostrand，1964.

［182］陈强. 企业管理人员成就动机的测量与分析［J］. 应用心理学，1990（4）：38 － 44.

［183］杜红. 经理人员成就动机的结构、评价与机制研究［D］. 浙江：浙江大学，2001：101 － 102.

［184］杨慧芳，顾建平. 企业管理者的情绪智力、自我效能感、成就动机研究［J］. 心理科学，2007，30（3）：719 － 722.

［185］孙跃，胡蓓. 成就动机在产业集群员工离职意愿决定中的调节效应研究［J］. 科学学与科学技术管理学，2009，30（2）：154 － 159.

［186］朱宝荣. 应用心理学教程［M］. 北京：清华大学出版社，2006：25 － 26.

［187］王雁飞. 管理心理学［M］. 广州：华南理工大学出版社，2007：131.

［188］让—雅克. 拉丰, 大卫. 马赫蒂摩著, 陈志俊, 等, 译. 激励理论委托——代理模型（第一卷）［M］. 北京：中国人民大学出版社, 2002.

［189］张维迎. 博弈论与信息经济学［M］. 上海：上海人民出版社, 2009：244 –246.

［190］Cha-chung Chan, Victor W. Liu, Chun-shun Wu. Managerial Entrenchment and Financing Decision［J］. Journal of Management and System, 1998（50）：41 –62.

［191］杨瑞龙, 杨其静. 专用性、专有性与企业制度［J］. 经济研究, 2001（3）：3 –11.

［192］Williamson O. , Wachter M. & Harris J. Understanding the Employment Relations：the Analysis of Idiosyncratic Exchange［J］. The Bell Journal of Economics, 1975（6）：250 –278.

［193］Eaton J, Rosen H S. Agency, Delayed Compensation and the Structure of Executive Remuneration［J］. Journal of Finance, 1983, 38 （5）：1489 –1505.

［194］张维迎. 博弈论与信息经济学［M］. 上海：上海人民出版社, 2009：339 –340.

［195］Pige B. , Entrenchment des dirigeants et richesse des action-naires［J］. Finance Control Strategy, 1999（3）：131 –158.

［196］Allen M P, Panian S K. Power, Performance and Succession in the Large Corporation［J］. Administrative Science Quarterly, 1982, 27（4）：538 –547.

［197］Hambrick D. C, Fukutomi, G. D. The Seasons of a CEO's Tenure［J］. Academy of Management Review, 1991（16）：719 –742.

［198］Fama. E. Agency Problem and the Theory of the Firm［J］. Journal of Political Economy, 1980（88）：288 –307.

［199］Antle R. , Smith, A. An Empirical Investigation of the Relative Performance Evaluation of Corporate Executives［J］. Journal of Accounting Research, 1986（24）：1 –39.

［200］Fu C. J. Executive Compensation, Ownership and Firm Performance, Sun Yat-Sen Management Review, 2001：95 −116.

［201］Christie A. , Zimmerman J. Efficient and Opportunistic Choices of Accounting Procedures：Corporate Control Contests ［J］. Accounting Review, 1994, 69（4）：539 −566.

［202］张晖明，陈志广. 高级管理人员激励与企业绩效——以沪市上市公司为样本的实证研究［J］. 世界经济文汇，2002（8）：29 −37.

［203］闫丽荣，刘芳. 上市公司经营者薪酬激励与公司绩效相关性的实证分析［J］. 统计与信息论坛，2006（1）：101 −104.

［204］Smith C. , Watts, R. The Investment Opportunity Set and Corporate Financing, Dividend, and Compensation Policies ［J］. Journal of Financial Economics, 1992（32）：263 −293.

［205］Jensen M. The Modern Industrial Revolution, exit and the Failure of Internal Control Systems ［J］. Journal of Finance, 1993（48）：831 −880.

［206］吴敬琏. 现代公司与企业改革［M］. 天津：天津人民出版社，1994：185.

［207］Shleifer A. , Vishny R. Large Shareholders and Corporate Control ［J］. Journal of Political Economy, 1986（94）：461 −488.

［208］吴淑琨. 股权结构与公司绩效U型关系研究——1997 −2000年上市公司的实证研究［J］. 中国工业经济，2002a（1）：12 −17.

［209］张根明，柳超，温秋兴. 上市公司股权结构对公司绩效影响的实证研究［J］. 价值工程，2009（1）：160 −163.

［210］胡洁，胡颖. 上市公司股权结构与公司绩效关系的实证分析［J］. 管理世界，2006（3）：142 −143.

［211］Slovin M. , Sushka M. E, Polonehek E. The Value of Bank Durability：Borrowers as Bank Stakeholders ［J］. Journal of Finance, 1993（48）：247 −266.

［212］沈艺峰，江伟. 资本结构、所有权结构与公司价值关系

研究 [J]. 管理评论, 2007 (11): 49 – 54.

[213] Thomsen S. , Pedersen T. , Kvist H K. Block Holder Owner-ship: Effects on Firm Value in Market and Control based governance Systems [J]. Journal of Corporate Finance, 2006, 12 (2): 246 – 269.

[214] 严若森. 论上市公司股权结构与经营绩效的关系 [J]. 财经问题研究, 2009 (6): 80 – 83.

[215] 李春红. 上市公司投资行为与控制权配置研究 [D]. 重庆: 重庆大学, 2008: 54.

[216] Sun. Qian, Wilson. Tong. China Share Issue Privatization: The Extent of Its Success [J]. Journal of Financial Economics, 2003, 70 (2): 183 – 222.

[217] 岳云霞. 上市公司股权结构与公司治理行为: 来自中国的实证研究 [D]. 北京: 对外经济贸易大学, 2005.

[218] Lipton M. , Lorsch J. A Modest Proposal for Improved Corporate Governance [J]. Business Lawyer, 1992 (48): 59 – 77.

[219] Yemack D. Higher Market Valuation of Companies with a Small Board of Directors [J]. Journal of Financial Economics, 1996 (40): 185 – 211.

[220] Brickley, James A, Jeffrey L, Coles. Leadership Structure: Separating the CEO and Chairman of the Board [J]. Journal of Corporate Finance, 1997 (3): 189 – 220.

[221] Rosenstein S. , Wyatt J. G. Outside Directors, Board Independence and Shareholder Wealth [J]. Journal of Financial Economics, 1990 (26): 175 – 191.

[222] 吴淑琨. 基于股权结构的董事会独立性与公司绩效的实证研究 [J]. 西安交通大学学报 (社会科学版), 2004 (3): 17 – 24.

[223] Aidong Hu, Praveen Kumar. Managerial Entrenchment and Payout Policy [J]. Journal of Financial and Quantitative Analysis, 2004 (4): 759 – 789.

[224] Husona, Mark R. , Malatesta, Paul H. Parrinoc, Robert,

Manarial Succession and Firm Performance ［J］. Journal of Financial Economics，2004（2）：205－256.

［225］Edward J. Zajac，James D，Westphal. Who Shall Succeed? How CEO/Board Preferences and Power Affect the Choice of New CEOs ［J］. The Academy of Management Journal，1996，39（1）：64－90.

［226］李佳玲. 台湾公司绩效与高级管理者离职之实证研究 ［J］. 亚太管理评论，2005（3）：288－299.

［227］赵超，Julian Lowe，皮莉莉. 中国上市公司股权结构与总经理变更 ［J］. 改革，2005（1）：93－99.

［228］俞丽萍. 试论影响企业股利分配政策的因素 ［J］. 管理世界，2004（6）：58－59.

［229］Bebchuk，Lucian A. ，Lars S. Do Short-Term Objectives Lead to Under-or Overinvestment in Long-Term Projects ［J］. Journal of Finance，1993（48）：718－730.

［230］张维迎. 博弈论与信息经济学 ［M］. 上海：上海人民出版社，2009：5－6.

［231］Tirole，J. A Theory of Industrial Organization ［M］. 1988，Chapter1.

［232］Narayanan，M. Debt vs. Equity under Asymetric Information ［J］. Journal of Financial and Quantitative Analysis，1988，23（1）：39－51.

［233］Strobl，G. . Managerial Compensation，Market Liquidity，and the Overinvestment Problem ［D］. working paper，University of Pennsylvania，2003.

［234］Ross S. The Determination of Financial Structure：The Incentive-signalling Approach ［J］. Journal of Economics，1977（8）：23－40.

［235］Spence A M. Job Market Signaling ［J］. Quarterly Journal of Economics，1973（8）：335－374.

［236］刘昌国. 公司治理机制、自由现金流量与上市公司过度投资行为研究 ［J］. 经济科学，2006（4）：50－58.

[237] 张功富. 企业的自由现金流量全部用于过度投资了吗——来自中国上市公司的经验证据 [J]. 经济与管理研究，2007 (6)：11－16.

[238] Hart O., Moore. Default and Renegotiation: A Dynamic Model of Debt [J]. The Quarterly Journal of Economics, 1998 (113): 19－41.

[239] Childs P. D. Interactions of Corporate Financing and Investment Decisions: the Effect of Agency Conflicts [J]. Journal of Financial Economics, 2005 (76): 667－690.

[240] 李胜楠，牛建波. 上市公司负债水平与投资支出关系的实证研究 [J]. 证券市场导报，2005 (3)：44－48.

[241] 刘星，杨亦民. 融资结构对企业投资行为的影响——来自沪深股市的经验证据 [J]. 预测，2006 (3)：33－37.

[242] 伍利娜，陆正飞. 企业投资行为与融资结构的关系——基于一项实验研究的发现 [J]. 管理世界，2005 (4)：99－105.

[243] 肖刚，王晓丰，李秉祥. 基于经理管理防御的企业资本结构优化研究 [J]. 管理现代化，2009 (4)：99－105.

[244] 魏林，孙淮滨，蒋蕾，杨文翰. 用大智慧为全球分工——专访诺贝尔奖获得者，实验经济学之父弗农. 史密斯 [J]. 中国纺织，2005 (8)：46－51.

[245] Plott, Charles R. Industrial Organization Theory and Experimental Economics [J]. Journal of Economic Literature, 1982, 20 (4): 1485－1527.

[246] McClelland. Testing for Competence rather than for Intelligence [J]. American Psychologist, 1973 (28).

[247] Dave Ulrich, Wayne Brockbank, Arthur K Yeung, Dale G Lake. Human Resource Competencies: An Empirical Assessment [J]. Human Resource Management, 1995, 34 (4): 473－495.

[248] Spencer, M. Jr. S. Spencer. Competence at Work: Models for Superior Performance [M]. New York: Willey, 1993.

[249] 罗伯特. F. 德威利斯. 量表编制：理论与应用 [M]. 重

庆：重庆大学出版社，2004：34 - 35.

[250] 杜映梅. 职业生涯管理 [M]. 北京：中国发展出版社，2006：4.

[251] 姚裕群，张再生. 职业生涯与管理 [M]. 湖南：湖南师范大学出版社，2007：308.